Äpfel fürs Volk

Potsdamer Pomologische Geschichten

Marina Heilmeyer

Clemens Alexander Wimmer

mit Beiträgen von:
Gerd Schurig
Birgid Mory
Katharina Rabe

vacat

Apfelblüte am Klausberg in Sanssouci

Inhalt

Pomona,
Decken-
gemälde im
Vestibül von
Schloß
Sanssouci,
Johann Harper,
1744

Der Apfel aus dem Paradies

Pomona, die Göttin der Früchte

Von der Decke des Vestibüls in Schloß Sanssouci grüßt eine weibliche Gestalt, die ein großes Füllhorn voller Früchte in Händen hält. Es ist nicht Flora, wie das Schloßinventar angibt, sondern Pomona, die Beschützerin der Obstgärten, eine Figur aus den Götterwelten der Etrusker und Römer. In den im Jahre 8 nach Christus entstandenen Metamorphosen des Ovid, die auch in Sanssouci beliebte Lektüre waren, wird Pomona genau beschrieben: »*Proca gebot dem Volk Roms am Palatin. Unter diesem König hat Pomona gelebt. Von allen Dryaden Latiums pflegte keine geschickter die Gärten, keine war mit größerem Eifer um die Anzucht des Obstes bemüht. Auch ihr Name stammte daher. Nicht Wälder und Ströme liebte sie, sondern das Feld und Zweige mit lachenden Äpfeln*«[0]. Mit Früchteopfern auf den Altären in ihren Heiligtümern auf dem Lande und in den Städten bat man um ihren Segen und reichen Ertrag. Diese Göttin der Baumfrüchte lag im Wettstreit mit Ceres, der Göttin der Feldfrüchte und Kräuter. In antiken Schilderungen erläutert Pomona die Bedeutung ihrer Früchte als erster Nahrung der Menschen. Da das Obst in den Bäumen dem Himmel näher ist als alle anderen Erdfrüchte, sollte seine Heilkraft und Bedeutung auch entsprechend größer sein, zumal es den Blick der Menschen zum Himmel lenkt.

Evas Apfel aus dem Paradies

In der Schöpfungsgeschichte der Bibel wird von einem wunderbaren Garten Eden berichtet. »*Und Gott der Herr ließ aufwachsen aus der Erde allerlei Bäume, verlockend anzusehen und gut zu essen, und der Baum des Lebens mitten im Garten und der Baum der Erkenntnis des Guten und des Bösen*«. Wie in vielen altorientalischen und griechischen Mythen wird damit ein Paradiesgarten mit herrlichen Obstbäumen geschildert.

● Garten und Bäume sind meist für die Menschen unzugänglich und an einem Ort zwischen Himmel und Erde angesiedelt, am Rande der Welt, nahe dem Jenseits. Dabei spielt der Baum des Lebens eine entscheidende Rolle, denn seine Früchte versprechen Unsterblichkeit und ewige Jugend. Er ist Eigentum der Götter und wird von weiblichen Wesen versorgt und von einer Schlange beschützt. Die biblische Geschichte weicht von diesem Schema ab, indem sie den Baum der Erkenntnis einfügt, der den orientalischen Lebensbaum ergänzt und zur Motivierung oder Erklärung des Sündenfalls eingefügt zu sein scheint.

● »*Und Eva sah, daß von dem Baume gut zu essen wäre und daß er eine Lust für die Augen wäre und verlockend, weil er gut gemacht. Und sie nahm von der Frucht und aß und gab ihrem Mann*«, so geht es in der biblischen Geschichte weiter. Eva und Adam pflücken und verzehren also die Frucht vom Baum der Erkenntnis, und die Folge ist nicht ewiges Leben, sondern Vertreibung und Sterblichkeit. Die verbotene Frucht wird in der ersten griechischen Fassung des Bibeltextes als *melon* bezeichnet, einem allgemeinen Begriff für eßbare Baumfrüchte. Dieser Begriff wird in die erste lateinische Übersetzung der Bibel als *Fructus*

Adam, Eva und die Schlange am Baum der Erkenntnis, Lucas Cranach, 1513/1515

9

*Maria reicht
dem Kind
einen Apfel,
Hans Memling,
1487*

übernommen, und auch Luther übersetzt hier mit dem Wort
›Frucht‹, ohne genauere Kennzeichnung.

Sprichwort
»*Ex malo malum*«
Vom Apfel
kommt das Übel

● Man hat jedoch schon im fünften nachchristlichen Jahrhundert begonnen, die Paradiesfrucht botanisch zu definieren. Bei
diesen Deutungen spielen ganz offensichtlich pflanzengeogra-
phische Gegebenheiten eine wesentliche Rolle. So glaubten die
Bibelexegeten im östlichen Bereich des Mittelmeers, daß Eva
dem Adam eine Feige gereicht habe, während die Interpreten
in den Klöstern Norditaliens und Frankreichs den Apfel zur
Paradiesfrucht erklärten.

● Dabei mag auch ein lateinisches Wortspiel wichtig gewesen
sein. Aus *mālum* = Apfel und *mălum* = Übel, wurde das Sprichwort: »*ex malo malum*« = vom Apfel kommt das Übel. So wurde
der Apfel zum Symbol der Erbsünde, die erst durch den Opfer-
tod des Gottessohnes getilgt werden konnte.

Der Apfel der Maria

Jahrhunderte später wird der Apfel als Attribut der Gottesmut-
ter Maria, die ihn dem Christuskind darreicht, zum Symbol dafür, daß Christus das Gewicht der menschlichen Sünde auf sich
nimmt. Damit wird der Apfel zum Sinnbild der Erlösung der
Menschheit. Da dieser Apfel vom Baum der Erkenntnis stammt,
ist er zugleich auch ein Zeichen geistiger Fruchtbarkeit. Hält
nun das Christuskind statt der Weltkugel einen Apfel in Händen, dann soll dies höchstes Wissen symbolisieren. Und wer die
allerhöchste Erkenntnis besitzt, der beherrscht die Welt.

Äpfel auf Stilleben

Der hohe ästhetische Reiz eines reifen, rotbackigen Apfels und sein lukullischer Wert auf einer festlichen Tafel ließen ihn schon früh zu einem beliebten Objekt der Stillebenmaler werden. So ist er bereits auf Wandbildern dargestellt, die die Empfangs- und Speiseräume antiker römischer Landhäuser schmückten. Als einzelne, erlesene Frucht stand er stellvertretend für die Fülle von Eßwaren aus den landwirtschaftlichen Betrieben ihrer stolzen Besitzer.

● Ähnlich stolz war auch Friedrich II., der Erbauer des Weinbergschlosses Sanssouci, auf die Produkte seiner Gärten. In einem der Gästezimmer schmücken Früchtestilleben die Felder über den Türen. Neben den Lieblingsfrüchten des Königs, Kirschen, Feigen und Melonen, und kostbaren Gefäßen sind am Rand auch Äpfel abgebildet. Vielleicht wurden sie noch im Sinne des 17. Jahrhunderts als ein Symbol der Wahl zwischen dem Guten und dem Bösen verstanden. Man interpretierte die Äpfel als Alltagsspeise und Symbol für ein einfaches Leben, im Gegensatz zu den viel teureren exotischen Früchten als eine Mahnung, sich den irdischen Genüssen nicht zu sehr zu überlassen und das Seelenheil nicht zu vergessen.

Supraporte in Schloß Sanssouci, Augustin Dubuisson, 1747

13

Das Neue aus dem Reich der Pflanzen Details der Apfelblüte. Wilhelm Friedrich von Gleichen gen. Rußworm, illustriert und herausgeggeben von Christoph Keller, Nürnberg 1764

Fig. 1.

Fig. 2.

Fig. 3.

Fig. 4.

Malus fatua

W. Fr. v. G. R. olf n pinx.

J.C. Keller sc.

14

Botanik

Die Gattung *Malus* zählt zu den Rosengewächsen (*Rosaceae*). Sie umfaßt etwa 55 Arten, die in Europa, Asien und Nordamerika verbreitet sind. Die großen Blüten werden an den Kurztrieben des alten Holzes gebildet. Fünf kurze, dreieckige Kelchblätter umgeben fünf weißrosa Staubblätter. Meist übernehmen Bienen die Bestäubung. Die fünf Fruchtblätter sind miteinander verwachsen, ihre Wände werden pergamentartig und bilden in ihrer Gesamtheit das Kerngehäuse. Bis zur Reife der Früchte, die je nach der Sorte von Juli bis in den Spätherbst dauern kann, entwickeln sich in den Fruchtkammern jeweils zwei dunkelbraune Samen, die Apfelkerne. Der Blütenbecher wird zum mächtigen, fleischigen, zuckerreichen und saftigen Apfel.

● Für Botaniker beginnt die eigentliche Apfelfrucht bei dem, was die meisten beim Essen verschmähen, dem ›Griebsch‹. Das wahrhaft Schmackhafte ist der fleischig gewordene Blütenbecher. Der ›Griebsch‹ entsteht aus den fünf Fruchtblättern, die mit ihren pergamentartig miteinander verwachsenen Wänden das Kerngehäuse bilden.

Sprichwort
Der Apfel fällt nicht weit vom Stamm.

● Die Heimat des Apfels (*Malus domestica* Borkh.), das haben molekularbiologische Untersuchungen der Universität Oxford in jüngster Zeit bewiesen, liegt im heutigen Kasachstan. Hier entdeckten die Forscher noch Gebiete mit ursprünglichem Waldbestand, darunter auch Apfelbäumen, deren Früchte in Größe und Geschmack denen unserer Kultursorten recht ähnlich sind. Aus dieser entlegenen Gegend gelangten sie, durch Tiere und Menschen weitergetragen, schon vor 5.000 Jahren nach Mitteleuropa. Hier ist die Wiege einer unüberschaubaren Zahl von Kultursorten, von denen die meisten im 18. und 19. Jahrhundert entstanden. Viele dieser Apfelsorten sind wieder verschwunden. Von ihnen zeugen nur noch pomologische Illustrationen oder Apfelmodelle aus Wachs, Holz oder Pappmaché.

Apffel Baum.

Ein Blumenbuch
darinnen allerhand
Blümlein gantz
Artig mit Lebhafften
Farben sampt ihrer
Wirckung und
Eygenschaften
vorgemahlet und
beschrieben sindt.
Ulrich Völler
von Gellhausen,
1616

Ein Apfel für die Gesundheit

Sprichwort

An apple a day keeps the doctor away.

Das alte englische Sprichwort bringt es auf den Punkt. Regelmäßig gegessen, steigern Äpfel das Wohlbefinden und halten den Arzt fern. Kaum eine andere Frucht ist so gesund wie der Apfel. In ihm schlummern 300 Inhaltsstoffe, die wie ein Jungbrunnen wirken. Ein mittelgroßer Apfel hat nur 50 Kalorien. Er enthält wenig Fett und fast kein Eiweiß. Rund 85% Wasser machen ihn zu einem idealen Durstlöscher. Seine leicht verdaulichen Kohlehydrate in Form von Traubenzucker sorgen bei Müdigkeit und Konzentrationsschwäche für schnelle Energie. Am gesündesten ist der Apfel roh und ungeschält, denn 70% der gesunden Stoffe stecken in der Schale und unmittelbar darunter. Er liefert mehr als 20 Mineralstoffe und Spurenelemente. Dazu zählen insbesondere Kalium, Natrium, Eisen, Kalzium und Phosphor. Direkt in der Schale verbergen sich lebenswichtige Vitamine. Besonders vitaminreich sind säuerliche Sorten. Ein Boskoop enthält bereits ein Viertel des täglichen Bedarfes an Vitamin C. Farbstoffe lassen die Äpfel nicht nur bunt erscheinen. Zusammen mit anderen Inhaltsstoffen des Apfels beugen sie Herz-Kreislauf-Erkrankungen vor und mindern das Krebsrisiko. Sie verbessern zudem die Drüsenfunktionen und den Zellstoffwechsel. Unschlagbar ist der Apfel wegen seiner Ballaststoffe. Ihr Anteil ist außergewöhnlich hoch. Ein Apfel enthält bis zu 2,3 g Pektin, dessen Wirkung noch durch die Fruchtsäuren unterstützt wird. Dieser Ballaststoff sättigt wohltuend, senkt den Cholesterinspiegel und reguliert Blutzucker und Verdauung. Darüber hinaus nimmt er schädliche Bakterien und Giftstoffe auf.

Frikassée à la Matius

½ kg gute Kochäpfel
1 ½ kg Schweineschulter
½ kg gekochte Fleischklößchen
Kräuter und Gewürze nach Belieben

Baumanns
Renette,
seit 1871
in der Landes-
baumschule
(aus: *Deutschlands
Kernobstsorten*,
1833)

Gib Öl, *liquamen* (Flüssigsalz) und Fleischbrühe in einen Topf. Hacke Lauch, Koriander und kleine Fleischklößchen. Zerschneide gekochte Schweineschulter samt der Schwarte in Würfel. Lasse alles zusammen kochen. Wenn es halb gar ist, füge zerschnittene und entkernte Äpfel hinzu. Während dies kocht, zerstampfe im Mörser Pfeffer, Kümmel, frischen Koriander oder Korianderkörner, Minze und Laserwurzel (Stinkasant), gieße Essig, Honig, *liquamen*, etwas *defrutum* (Mostsüßstoff) und ein wenig Fleischbrühe dazu, vermische dies noch mit etwas Essig. Gieße diese Mischung in den Topf mit dem Fleisch, bringe das Ganze zum Kochen. Wenn es kocht, binde es mit Kügelchen aus Mehl und Butter. Bestreue mit Pfeffer und serviere.

Gefüllte Äpfel
(Rezept aus dem »Guten Hausvater« von 1748)

6 große Äpfel,
Zucker,
in Butter geröstete Semmelbrösel,
Muskatblüte, Zitronat, Rosinen, Mandeln,
Weißwein,
1 Eiweiß,
Zimtstangen

Champagner-
renette,
seit 1828
in der Landes-
baumschule
(aus: *Deutschlands
Kernobstsorten,*
1833)

Die Äpfel schälen, einen Deckel abschneiden und die rest-
liche Frucht aushöhlen. Das so gewonnene Fruchtfleisch klein
schneiden und mit den Semmelbröseln, Zimt, Muskatblüte,
klein geschnittenem Zitronat, Rosinen, Mandeln, Zucker und
Eiweiß mischen. Die Äpfel mit dieser Mischung füllen, den Deckel aufsetzen und mit Mandelstiften und kleingeschnittenen
Zimtstangen verzieren. In Fett ausbacken oder in einem Sud
aus Weißwein, Zucker und Zimt im Backofen dünsten.

Himmel & Erde

1 kg Äpfel, 1 kg Kartoffeln
20 g Zucker, 125 ml Milch
1 Eigelb, 50 g Butter
500 g Blutwurst
1 Eßlöffel Öl, 150 g Zwiebeln
Muskatnuß, Salz

Rheinischer
Bohnapfel,
seit 1828
in der Landes-
baumschule
(aus: *Teutscher
Obstgärtner,*
Band 7, 1797)

Äpfel schälen, in Viertel schneiden, Kerngehäuse entfernen. Apfelviertel in feine Spalten schneiden und mit Zucker dünsten. Die Äpfel müssen trocken sein. Kartoffeln schälen. In Salzwasser kochen und zerstampfen. Mit Salz, Eigelb und 20 g Butter verrühren. Mit geriebener Muskatnuß abschmecken. Eine Auflaufform ausbuttern, das Apfelkompott und den Kartoffelbrei einfüllen. Die Blutwurstscheiben in Öl auf beiden Seiten anbraten und auf den Kartoffelbrei legen. Vorbereitete Zwiebeln in Ringe schneiden und über der Wurst verteilen. Im vorgeheizten Ofen etwa 15 Minuten backen. Sofort servieren.

Holder Adam

4 große Äpfel
50 g Speck, 100 g Zwiebeln, 250 g Champignons
2 Hasenrücken
2 Eßlöffel Öl, 1 Teelöffel Senf
250 ml Weißwein
Thymian, Salz und Pfeffer

Muskatrenette,
seit 1828
in der Landes-
baumschule
(aus:
*Deutsches
Obstcabinet,*
1858)

Speck, vorbereitete Zwiebeln und Champignons in kleine Würfel schneiden. Hasenrücken mit Salz und Pfeffer würzen und in
dem erhitzten Öl von beiden Seiten anbraten. Mit Senf bestrei-
chen, Speck, Thymian und Zwiebeln zufügen und andünsten,
dann die Champignons zugeben und gut durchschmoren. Mit
Weißwein löschen und 20 Minuten schmoren lassen. Die Äpfel
schälen, in Achtel schneiden, Kerngehäuse entfernen, zu den
Hasenrücken geben und etwa 10 Minuten weiterschmoren. Hasenrücken herausnehmen und warm stellen. Den Fond etwas
einkochen lassen. Hasenrückenfilets von den Knochen lösen
und auf dem Gemüse anrichten.

Evas Verführung

4 schöne Äpfel
½ Zitrone, 2 Eßlöffel Zucker
250 ml Weißwein, 125 ml Sahne
4 Teelöffel Erdbeerkonfitüre, 50 g Mandeln
½ Päckchen Vanillinzucker
4 Tortelett, Erdbeeren mit 3 Eßlöffel Zucker

Roter
Taubenapfel,
seit 1828
in der Landes-
baumschule
(aus:
*Deutsches
Obstcabinet,*
1858)

Die Äpfel schälen, vom Kernhaus befreien und mit Zitronensaft
beträufeln. 250 ml Wasser mit Weißwein aufkochen, den Zucker
zufügen und die Äpfel etwa 10 Minuten darin dünsten. Herausnehmen, abtropfen und abkühlen lassen. Mit Erdbeerkonfitüre
füllen, mit Mandelstiften spicken. Die Sahne mit Vanillinzucker
steifschlagen, einen Teil davon auf die Torteletts spritzen. Darauf je einen Apfel setzen, die gezuckerten Erdbeeren verteilen
und mit Sahne verzieren.

Dummer Bengel

4 Äpfel, 8 Matjesfilets
1 Eßlöffel geriebener Meerrettich
½ Lorbeerblatt,
4 Pimentkörner
¼ l saure Sahne
⅜ l süße Sahne

Kanadarenette,
seit 1828
in der Landes-
baumschule,
Redouté
(aus: Duhamel,
1835)

Die gewässerten Matjesfilets auf eine tiefe Platte geben. Geraspelte Äpfel und Meerrettich verrühren, Lorbeerblatt, Pimentkörner, saure Sahne und süße Sahne über die Filets gießen.
Zugedeckt durchziehen lassen und mit Schwarzbrot oder Toast
servieren.

Borsdorfer Äpfel mit Gelee
(Rezept von 1826)

6 Borsdorfer Äpfel,
¼ l Weißwein,
150 g Zucker,
Zitronenschale

Edelborsdorfer,
schon 1650
in Potsdam
(aus: Knorr,
Regnum Florae
1750)

Die Äpfel sorgfältig schälen. Wein, ¼ l Wasser, Zucker und Zitronenschale aufkochen, die Äpfel in den Sud legen und dünsten bis sie weich sind. Herausnehmen und die Brühe noch etwas weiter kochen lassen, eventuell mit Zucker nachsüßen. Die Brühe kalt werden lassen, sie beginnt dann zu gelieren. Die Äpfel in einer Assiette (tiefer Teller) anrichten und das Gelee um die Früchte herum gießen.

25

Wunderbarer Apfelkuchen

Mürbeteig:
250 g Mehl, 125 g Butter, 5 g Salz,
5 cl Wasser, 30 g Zucker, 1 Ei
Belag:
1000 g Reinetteäpfel, 30 g Zucker,
Guß:
75 g Zucker, 200 g süße Sahne,
2 Eier, 1 Päckchen Vanille Zucker.

Birnenförmiger
Apfel,
seit 1828
in der Landes-
baumschule
(aus: *Deutschlands
Kernobstsorten,*
1837)

Mürbeteig zubereiten. Äpfel schälen und vierteln oder achteln. Den Teig auswellen, in eine gefettete und gemehlte Form geben und die Äpfel darauf verteilen. Mit Zucker bestreuen. Im heißen Ofen 25–30 Minuten backen.

● Für den Guß die Eier, den Zucker und die süße Sahne vermengen. Sind die Äpfel gar, den Guß darüber gießen und den Kuchen fertig backen, bis er eine schöne braune Farbe hat.

● Nach Belieben etwas Zucker und Zimt darüber streuen. Schmeckt am Besten lauwarm.

Apfel-Nuß-Torte

3 Eigelb, 1 Tasse Öl (235 ml)
1½ Tassen Zucker, ½ Teelöffel Vanillezucker,
½ Teelöffel Salz, ½ Teelöffel Zimt,
1 Tasse Mehl, ½ Teelöffel Natron,
3 Eiweiß, 1 Tasse gehackte Nüsse
2 Tassen geraspelte Äpfel
Puderzucker zum Bestreuen

Gelbe
Herbstrenette,
Redouté
(aus:
Duhamel, 1837)

Eigelb mit Öl und Zucker schlagen. Backofen auf 180° vorheizen. Springform einfetten. Mehl mit dem Natron mischen, Diese Mischung in die Eiercreme einrühren. Dann das Eiweiß steif schlagen und unter die Creme ziehen. Zum Schluß Nüsse und Apfelraspel unterheben. Alles in die Form geben und mit 160° bei Umluft 50 Minuten im Ofen backen.

27

Apfelsalat
(*Davidis 1877*)

Ein feines Kompott von rohen Äpfeln und Apfelsinen
Als Beilage zu Braten gedacht

Gut abgeschälte Borsdorfer Äpfel, woraus das Kerngehäuse
entfernt wurde, und Apfelsinen ohne Kerne werden in ganz
feine Scheiben geschnitten und abwechselnd lagenweise mit
feinem Zucker und etwas Wein in eine Schale gelegt. Der Wein
soll das Kompott durchziehen, es darf aber keine Brühe ent-
stehen und die letzte Lage sollten Apfelsinen und Zucker sein.
Das Kompott wird einige Stunden vor dem Gebrauch gemacht
und zu feinem Braten gereicht.

Kleine Kasseler
Renette, (aus:
*Deutschlands
Kernobstsorten,*
1837)

Hinweise zum Lagern von Äpfeln

Äpfel erhalten sich am besten, wenn man sie an einem trocknen
Tage sorgfältig pflückt. Hat man einen trocknen, luftigen Keller,
so kann man sie sogleich auf Lattenroste – die Stielseite nach
unten – dicht nebeneinander legen. Das Nachsehen darf nicht
versäumt, jeder angefaulte Apfel muß sogleich weggenommen
werden

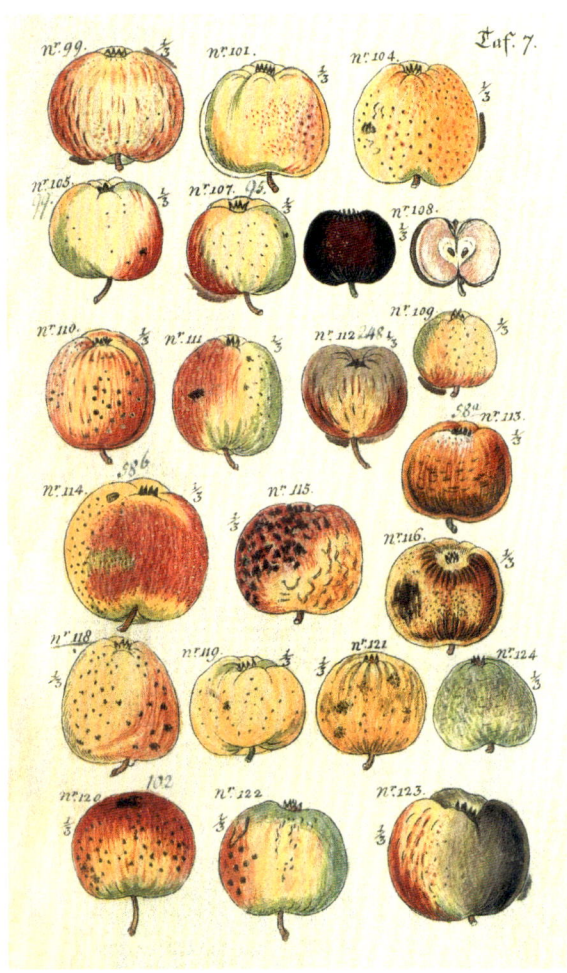

Katalog
der Christ'schen
Baumschulen
Kronberg
Johann Ludwig
Christ, 1809

29

Die Äpfel des Königs

Der Landesherr gegen die Bauern

Obstbäume gehören seit Jahrtausenden zum Idealbild eines
vollkommenen Gartens, wie er vor allem Königen gebührte.
Der in Brandenburg seit dem 13. Jahrhundert belegte Ortsname
›Baumgarten‹ deutet darauf hin, daß es schon im Mittelalter
Obstgärten auf dem Lande gegeben hat. Allerdings spielten Äpfel
in Brandenburg lange bei weitem nicht die Rolle wie heute, wo
jeder Gartenbesitzer wenigstens einen Apfelbaum hat. Bis ins
späte Mittelalter war der Obstbau allgemein Sache der Landes-
herrn, des Adels und der Klöster. Zögernd begannen ihn Bürger
bei den Städten zu betreiben, auf dem Lande beschränkten sich
die Bauern auf Ackerbau und Viehzucht.
● Auf der Westseite der Potsdamer Burganlage an der Stelle
des späteren Stadtschlosses befand sich um 1600 eine Plantage
mit etwa 300 Obstbäumen, ordentlich im Raster gepflanzt, nach
den rationellen Prinzipien der Renaissance.[1]
● Pfarrer Johann Cöler beklagt in seinem erstmals 1595 erschienenen Gartenbuch, daß in den Bauerngärten der Mark
Brandenburg nur wenig Obstbäume zu finden wären, und
schreibt dann: »*Aber wan ich Oberkeit were, so wolte ich jnen mit
ernst aufflegen, daß ein jeder Bawer dz Jahr zum wenigsten 6 oder 8
Stämme setzen und pfropffen und allerley Obst in die Gärten zeugen
müste, das dienet zur Besserung des gantzen Landes.*«[2]
● Friedrich Wilhelm, der Große Kurfürst, trat seine Regierung
1640 an, bevor der Dreißigjährige Krieg beendet war. Mit großer Begeisterung schuf er Gärten für sich und seine Familie. Die

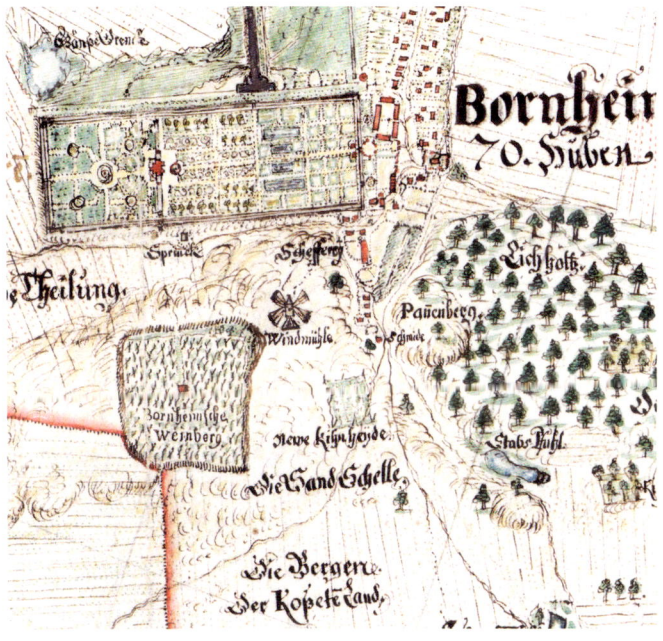

Lustgarten in Bornim mit Obstplantagen, Samuel de Suchodoletz, 1680

Lustgärten Berlin, Potsdam und Bornim geben Zeugnis auch von seiner Obstliebe, denn sie enthielten große Obstplantagen. 1678 sandte ihm der Potsdamer Amtshauptmann von Lüderitz Aprikosen aus Bornim und erwähnte, daß die Äpfel alle madig seien,[3] ein Problem auf märkischem Sand, das auch Elsholtz nannte. Sortenlisten aus Bornim sind nicht überliefert, aber August Kopisch, der erste Geschichtsschreiber der Potsdamer Gärten, malt aus: »*Alles was damals von köstlichen Obstbäumen aus Holland, Frankreich, Ungarn und Italien zu beschaffen war, sah man hierher gebracht und in schönster Ordnung auf mannigfaltigen Gartenfeldern und an Spalieren vertheilt.*«[4] Ein Inventar von 1714 enthält die genauen Stückzahlen der Obstarten. Kopisch hat zusammengerechnet, daß es insgesamt 1595 Obstbäume waren.[5] Bei den damals etwa 70jährigen, hochstämmigen Bäumen sind Äpfel und Birnen zusammengefaßt, offenbar weil sie im Wechsel standen. Gezählt wurden 433 Apfel- und Birnenhochstämme, außerdem 182 Apfelbäume als Zwergbäume und am Spalier.[6] Somit waren etwa 400 Apfelbäume vorhanden, nur rund ein Viertel des gesamten Obst- und Rebenbestandes.

● Die weitere Geschichte des brandenburgischen Obstbaus im 17. und 18. Jahrhundert ist ein Lehrstück über die Wirksamkeit landesherrlicher Verordnungen. Man könnte meinen, was die Herrscher ›von Gottes Gnaden‹ verordneten, sei auch umgesetzt worden. Dem war jedoch längst nicht so.

● Gegen Ende seiner Regierung versuchte der Kurfürst, den Obstbau, der auf dem Land vierzig Jahre nach Kriegsende immer noch darniederlag, wiederzubeleben. Gemäß Verfügung der Kurmärkischen Amtskammer vom 4. September 1685 hatte jeder Bauer jährlich vier, jeder Kossät [Kleinbauer] zwei Obstbäume »*von guter Art bey Vermeidung 1 tal. Straffe vor jeden Baum so nicht gesetzet würde [zu] pflantzen und zu zeugen.*«[7] Diese erste Anordnung zum Thema Baumpflanzung in Brandenburg war eine mäßige, realistische Verordnung, die noch unter den Vorschlägen Pfarrer Cölers blieb.

● Der Geheime Rat Franz von Meinders beklagte, »*da die Vorfahren in Pflantzung fruchtbarer Obst-Bäume und Eichen, ihre rühmliche Sorgfalt fast aller Orten erwiesen, die itzige Landes-Einwohner ihnen darunter so gar nicht nachfolgen, daß sie auch wohl diejenige Bäume, so die Alten gepflanzet, ausrotten, und zu ihrem selbsteigenen Schaden, und Verschmälerung der Güter, verwüsten.*« Kurprinz Friedrich unterzeichnete am 5. März 1686 in Vertretung seines Vaters die von Meinders ausgearbeitete Verordnung für die Kurmark, daß jeder »*Einwohner in den kleinen Städten und Flecken, sonderlich aber auf den Dörffern, und sonsten aufm Lande, hinter seinem Wohnhause, wenn er Gelegenheit darzu findet, ihm einen gewissen Platz abhege, solchen in zwey Theile theilen, und den einen Theil zu Pflantzung allerhand Fruchttragender Obst-Bäumen, den andern aber zu einem Eichel-Kamp und Zeugung Masttragender Eichen-Bäume gebrauchen solle.*« Außerdem machte er jedem Bräutigam vor der Eheschließung die Pflanzung von mindestens sechs Eichen und die Veredlung einer gleichen Zahl von Obstbäumen zur Pflicht.[8] War die Pflanzung nicht möglich, waren pro Baum zwei Groschen Pflanzgeld zu zahlen.

● Nach dem Tode seines Vaters ließ Friedrich das Edikt am 19. März 1691 für das ganze Land erneuern. Da in manchen Ämtern überhaupt keine Äpfel- und Birnenunterlagen verfügbar waren, bestimmte Meinders, daß die Beamten die Obstunter-

Das erste Pflanzenedikt von 1686 (GStA, II, Kurm., Tit.199, Nr. 1)

lagen selber aus Kernen anziehen und veredeln und die unwissenden Untertanen anleiten mußten.[9] Seit 1694 wurden von den Ämtern jährliche Nachweise der gepflanzten und wieder eingegangenen Bäume gefordert.[10]

● Die Edikte wurden kaum beachtet, und von den gepflanzten Bäumen gingen die meisten wegen fehlender Pflege wieder ein. Die Amtshauptleute scherten sich nicht um das Edikt. Die Geistlichen weigerten sich, bei Trauungen den Pflanznachweis oder Einzahlungsbeleg zu verlangen, da sie dem Konsistorium und nicht der Amtskammer verpflichtet wären.[11]

● König Friedrich Wilhelm I. befürchtete schließlich einen negativen Einfluß des Strafgeldes auf die Bevölkerungsentwicklung. *»Ich will lieber ein Premium setzen das sie heirahten als sie weill sie heirahten zahlen laßen.«* Er verordnete daher am 21. Juni 1721, daß die Verpflichtung zur Erlegung eines Pflanzgeldes fallengelassen würde, wie die Amtskammer schon 1691 empfohlen hatte. Das erst 1719 erneuerte Pflanzgebot als solches aber blieb bestehen.[12]

● Friedrich Wilhelm I. war auch persönlich ein entschiedener Obstliebhaber. Für sich legte er 1720 den Marlygarten in Potsdam an. Er war in acht Felder gegliedert, in denen Obstbäume, Beerenobst und Gemüse wuchsen.

● Der König sann auf neue Mittel, den Obstbau zu fördern. Am 24. August 1728 unterzeichnete er eine neue Dorfordnung, in der er befahl, daß jeder Landwirt einen Obstgarten anzulegen und jährlich zehn bis zwölf wilde Stämme zu setzen und zu veredeln hätte.[13]

● Am 29. Mai 1729 beklagte er die Ruinierung junger Bäume durch das Vieh und das Abschlagen der Edelreiser durch »*Hirten-Jungen, auch ander liederlich Gesindel.*« Die Bäume sollten mit Dorngestrüpp geschützt werden, und nachlässige Bauern sollten im nächsten Jahr die vierfache Zahl der vorgeschriebenen Bäume pflanzen.[14] Als auch das nichts half, verordnete der König am 8. Oktober 1731 für Baumfrevler Festungshaft in Spandau. »*Wie dann, insonderheit die Soldaten ernstlich verwarnet werden sollen, diese junge Bäume weder mit ihren Säbeln, noch sonsten auf einigerley Weise zu beschädigen.*«[15]

● Da ihm die Pflanzungen nicht genügten, verordnete er am 17. März 1737, jeder Bauer müsse jährlich 50 Apfel- und Pflaumenbäume setzen, jeder Kossät 25 und jeder Hausmann 15. Das war eine Versechsfachung der Forderungen von 1685, die despotisch und überzogen wirken mußte.

● Mit dieser Verfügung des alternden Autokraten hatten die Betroffenen naturgemäß Schwierigkeiten. Es dürfte unmöglich gewesen sein, überhaupt Obstbäume in solchen Mengen zu beschaffen. Den eingelieferten Tabellen zufolge wurden 1737 angeblich in der Kurmark 304 243 Obstbäume gepflanzt. An den Rand dieses Berichts schrieb der König am 25. Juli 1738: »*Was ein jahr gepflanzet wird gehet das folgende wieder aus.*«[16] Am 9. Juni 1739 wagte die kurmärkische Kriegs- und Domänenkammer einen Gegenvorstoß: »*Unsere ChurMark [ist] bereits mit so vielen Obst-Bäumen besetzet, daß sich daran kein Mangel findet.*« Sie berichtete, daß »*außer wenigen schlechten Wirten, jeder Bauer und Cossäte seinen Garten schon dergestalt mit Kirsch- Pflaum- und andern Obstbäumen, weil er davon in der Wirtschafft den meisten Nutzen ziehe, besetzet habe, daß zum öfftern, um den andern Bäumen*

Luft, und zu den ohnentbehrlichen Unterfrüchten Platz zu machen, Sprichwort
einige Bäume ausgehauen werden müssen, die Hausleute hingegen *Ein fauler Apfel*
kaum so vieles an Gärten besitzen, als sie zu Pflantzung des Kols zu *steckt hundert*
ihrer geringen Haushaltung gebrauchten, dahero denn denen Bau- *gesunde an.*
ern und Cossäten keine gewisse Anzahl, denen Hausleuten aber kein
eintziger Baum zu pflantzen aufgegeben werden könne.« Die Kam-
mer rechnete aus, daß die 16 233 Bauern, 10 840 Kossäten und
15 858 Hausleute der Kurmark nach der Verordnung jährlich
1 320 520 Bäume pflanzen müßten. Wenn sie nur die Hälfte davon
pflanzten, entstünden Kosten in Höhe von 61 899 Talern, *»welche die Unterthanen aufzubringen nicht im Stande sind.«* Weiter
führte sie aus, daß das Obst unverkäuflich wäre, da die kleinen
Städte sich selbst versorgten und die Fahrt in die großen Städte
für die Landleute zu weit und arbeitsaufwendig wäre. Selbst das
Backen und Kochen der Früchte zu Pflaumen- und Kirschmus
wäre unrentabel, da es zuviel kostbares Brennholz erfordere.
Obst überhaupt galt damals als Leckerei, auf die der einfache
Mann gut verzichten konnte. Und Zucker zum Einkochen war
vor dem 19. Jahrhundert ein aus Übersee importierter Luxus-
artikel.

● Der schwerkranke, im Rollstuhl sitzende König antwortete
auf diese Eingabe nicht mehr.

EDICT.

Wegen

Bestraffung

Derienigen so die

PLANTAGEN

Boßhaffter weise beschädigen.

De Dato Berlin, den 27. April 1745.

B E R L I N,
Gedruckt bey dem Königlichen Preußischen Hof-Buchdrucker,
Christian Albrecht Gäbert.

Strafedikt von 1745 (GStA II, Kurm., Tit. 199, Nr. 2)

Aufklärung mit Stockschlägen

Auch Friedrich II. hat sich um die Ausweitung und Verbesserung des Obstanbaues bemüht. In seiner ersten, noch sehr allgemein gehaltenen Kabinettsorder zum Obstbau vom 14. September 1740 hieß es, es solle »*nicht allein eine größere Quantität Obstbäume, als bisher, alljährlich zur rechten Pflanzzeit gesetzt, sondern auch für deren Conservation und Fortbringung mit äußerstem Fleiß gesorgt werden.*«[17] Im Grunde war es aber eine Rücknahme der unrealistischen Vorgaben seines Vaters. Der junge Friedrich forderte zwar, den Obstbau zu »*poussiren*« (zu fördern), jedoch mit dem einschränkenden Zusatz: »*wo es nur immer practicable.*«[18]

Den nach wie vor verlangten Tabellen zufolge wurden jährlich etwa 180 000 Obstbäume in der Kurmark gepflanzt, von denen 80 000 im Jahr der Pflanzung wieder eingingen.[19] Für Beschädigung der Alleen um Berlin, die Friedrich zu seinem eigenen Plaisir mit starken Linden hatte bepflanzen lassen, stellte der »*allergnädigste Herr*« am 27. April 1745 »*ohne zu hoffende Gnade*« lebenslange Festungshaft in Aussicht.[20] Am 15. Dezember 1746 wurde dieses Edikt auf das ganze Land ausgedehnt: Auf die Beschädigung von Maulbeerbäumen stand zehnjährige Festungshaft und für Soldaten Spießrutenlaufen.

Im Wirtschaftsreglement für die königlichen Ämter der Provinz Pommern vom 1. Mai 1752 verordnete der Monarch konkreter, daß die Dörfer Baumschulen anlegen und »*zu deren Pflege einen der Baumzucht kundigen Mann*« anstellen sollten. Das war der erste Versuch, den Obstbau von Staats wegen mit Fachpersonal in den Griff zu bekommen. Außerdem sah das pommersche Wirtschaftsreglement vor, daß die Dorfbewohner die Dorfstraßen und Wege

Sprichwort

Der Apfel schme-
ckt süß,
um den man
die Wache
betrügt.

nahe den Dörfern mit Obstbäumen bepflanzten. Nach diesem Muster befahl der König am 3. März 1754 für das ganze Königreich die zweireihige Bepflanzung der öffentlichen Wege.[21] Die Kurmärkische Domänenkammer ordnete am 14. März an, »*daß sämmtliche Heer- und Poststraßen von denen Eigenthümern, oder zeitigen Besitzern derer daranstoßenden Aecker und Pertinentzien, ohne Unterschied, sowohl von denen von Adel, Beamten und Pächtern, als anderen nach Beschaffenheit des Terrains, mit Maul-Beer- Weyden- Obst und andern nutzbahren Bäumen bepflanzet werden sollen.*« Aus Potsdam kam die Meldung, es sei kein Platz mehr zum Pflanzen, da der König bereits alle Wege mit Linden habe bepflanzen lassen. Dennoch wurden laut den vorliegenden Tabellen 1751–59 viele tausend Weiden-, Obst- und Maulbeerbäume gepflanzt, davon die meisten im Bereich Potsdams.[22]

● Trotzdem: Nach 70 Jahren strenger Edikte hatten die Bauern nach Angaben des Predigers Daniel Heinrich Purgold aus Parchim 1755 nur Pflaumen und Kirschbäume, aber keine Apfel-, Birnen- und Nußbäume in ihren Gärten.[23]

● Der Siebenjährige Krieg behinderte die Ausführung der neuen Edikte. Nach dem Krieg wurden die Obstbaumpflanzungen wieder verstärkt. Vom 7. Juni 1765 stammt das bisher umfangreichste Pflanzedikt. Es galt für das gesamte Königreich. Die Bauern wurden an das 1728 verordnete jährliche Pflanzkontingent von zehn bis zwölf Bäumen erinnert. In jedem Dorf sollte eine Obstbaumschule mit soviel Abteilungen wie Einwohnern angelegt werden. »*Wer nun an Pflantzung dieser jungen wilden Stämme oder Besäung seines Antheils der Baum-Schule manquiret, der muß zur empfindlichsten Leibes-Strafe gezogen werden, weil er hierdurch offenbahr seine renitence gegen die guten Anweisungen*

zeiget, und nur eigensinniger Weise, das Gute nicht befördern will,
welches ihm doch zum künftigen grossen Nutzen gereichen kan.«

● Die Adligen sollten auf den Gütern Obstgärten anlegen und Gärtner anstellen, die den Bauern die Bäume gegen Entgelt veredelten. Die Gebühr pro Stamm sollte ein bis drei Groschen betragen. Viele Details wurde nun in die Verordnung aufgenommen. So sollte der Stamm bis auf sechs Fuß hoch gezogen werden. Beim Umpflanzen sollte die Sonnenseite des Stamms mit einem X markiert werden, damit er wieder genauso eingepflanzt werden kann. Die Obstgärten sollten in zwei bis vier Quartiere geteilt werden, der Baumabstand sollte 12 bis 15 Fuß betragen.[24] Um das Sortiment allerdings hat sich der König nicht gekümmert. 1765 ist die Pflanzung von 164 378 Obstbäumen verzeichnet, 1768 wurde ein Rekord von 197 255 Obstbäumen erreicht.

● Als auch das Pflanzedikt von 1765 nicht genügend Wirkung zeigte, schritt Friedrich, nach dreißig-jährigem Krieg ums Obst, zur letzten Konsequenz. Er ließ seit 1770 auf eigene Kosten vierzig Kreisgärtner in der Kurmark einstellen, die in den Gemeinden die Pflanzungen überwachen sollten. Jeder hatte »*die Dörfer seines Distrikts zu dem Ende wenigstens zweimal jährlich zu bereisen und nachzusehen, ob die Baumgärten gehörig gepflegt, die Bäume von Raupennestern und von trockenem Holze befreit werden.«* Den eigenen Landsleuten mißtraute der König sehr. Er bestand darauf, daß die Kreisgärtner aus ausländischen Obstbaugebieten stammten. Er übergab ihnen Land »*zum erblichen Besitz gegen Entrichtung eines Zinses nach gewissen Freijahren,«* damit sie selbst Vorbilder abgeben konnten.[25]

● Das alles war gut gedacht, hatte aber auch nicht den gewünschten Erfolg. Die Kosten für die Bäume an den Post- und Heerstraßen sollten die Gutsbesitzer aufbringen. Diese weigerten sich zum Teil.[26] Wilhelm Sello, seit 1777 Hofplanteur in Potsdam, sah die Schwachpunkte so: Den Kreisgärtnern, schrieb er, fehlte es größtenteils an Sachverstand, denn sie waren keine Gärtner von Beruf.[27]

● In den Jahren 1774–82 wurden jährlich meist nur noch 70–80 000 Obstbäume gepflanzt. In den letzten Lebensjahren des Königs ging die Pflanzung noch weiter auf rund 50 000 Bäume im Jahr zurück.

● Als Friedrich 1786 die Augen schloß, waren 100 Jahre landesherrlicher Bemühungen um den Obstbau vergangen. Vier Generationen Hohenzollern hatten sich persönlich bemüht, den Bauern Liebe zum Obst einzubleuen – mit wenig Erfolg. 1785 beklagte der Pfarrer von Schlalach bei Treuenbrietzen, Christian Friedrich Germershausen, daß es immer noch nicht genug Baumschulen in der Mark gebe, um den von ihm so gesehenen Obstbaumbedarf im Lande zu decken.[28] Aber Eberhard von Rochow schrieb noch 1795, die märkischen Bauern hätten kein Interesse an Obst.

Aber selber aß er Feigen

Neues von den Äpfeln aus Sanssouci

Friedrich II. legte für seinen persönlichen Bedarf, darin seinem Vater ähnlich, großen Wert auf Obst und Gemüse. Seine Vorlieben waren Kirschen, Pfirsiche, Wein und Feigen, später versuchte er es mit Ananas. Für diese Früchte ließ er aufwendige Treibereien einrichten. Die anderen Obstarten achtete er, wie Manger schreibt, weniger.

● Immerhin kamen zur Erstbepflanzung von Sanssouci im Mai 1746 aus der Gärtnerei Moerbeek in Haarlem 100 Apfel- und 100 Birnenpyramiden.[29] Wo sie standen, darüber hat sich noch niemand Gedanken gemacht. Die zeitgenössischen Darstellungen zeigen auf den Terrassen Pyramiden, die bislang als Eiben gedeutet wurden. Nicht Eibenpyramiden wurden aber geliefert, sondern Obstpyramiden. Die Stückzahl beträgt auf einem Stich von Schleuen 180, sonst 96. Schleuen ist glaubwürdig, denn er zeigt die 168 verglasten Nischen und die 180 unverglasten Wandfelder, wie sie wirklich existieren. Über jedem Wandfeld steht eine Pyramide, über jedem Fenster ein Orangenbaum. Offensichtlich hatte Friedrich 180 Obstpyramiden für die Terrassen zuzüglich 10% Reserve bestellt.

● Die Obstpyramiden scheinen in Holland entwickelt worden zu sein. Der nach Holland ausgewanderte hessische Gärtner Johann Hermann Knoop schreibt in seinem Gartenbuch 1753: »*Diese Manier, Obstbäume zu zeugen, ist nicht alt, sondern erst, soweit ich erfahren konnte, seit Anfang dieses Jahrhunderts in Gebrauch. Doch sie wurde nicht übel ersonnen, indem solche Pyramiden nicht al-*

Apfelpyramide (aus: *Nie erhörte wunderbare Garten-Lust,* Hamburg 1710)

43

lein durch ihre zierliche Vorstellung, vor allem wenn sie blühen, und hernach mit reifen, wohl beschickten Früchten behangen sind, viel Annehmlichkeit geben, insonderheit als sie überdies, in einem wohlbestellten Garten, füglich placiert sind und wohl unterhalten werden.« [30]

● Auch Johann Ludwig Christ hält 1794 die Pyramide für die beste Form des Zwergobstes.[31] Sie war zu seiner Zeit sehr üblich für Apfel- und Birnbäume. Erst im 20. Jahrhundert ist man wegen des großen Aufwandes beim Beschneiden davon abgekommen. Auch im Kernobstbau war also Friedrich seiner Bevölkerung weit voraus, wenn er die neue Produktionsform ›Pyramide‹ aus Holland importierte und seine Gärtner diese Technik als erste im Lande übernahmen. Allerdings scheinen sich die Pyramiden an dieser Stelle nicht bewährt zu haben. Am Ende seiner Regierung standen wie heute Taxuskegel auf den Terrassen.

● Nach dem Siebenjährigen Krieg entstanden 1765 am Neuen Palais acht Obstquartiere hinter Buchenhecken. Wie das Palais selbst, dienten sie vor allem dazu, jenseits des eigentlichen Bedarfs Leistungsfähigkeit zu demonstrieren. Wohl deshalb gab es hier weniger Kirschen als Apfel- und Birnbäume. Sie lieferte seit 1770 in großer Zahl der Pächter des Nedlitzer Fährguts, Tobias August Müller, sowohl Hochstämme als Niederstämme.[32] Später kaufte der König solche Bäume auch bei anderen Potsdamern, die von dieser Verdienstmöglichkeit erfahren hatten. Formobst wie Pyramiden wurde jetzt von den Hofgärtnern Krutisch und Heydert selbst angezogen.[33]

Terrassen von Sanssouci mit 180 Obstpyramiden, Johann David Schleuen
(SPSG,Plslg. 72)

Die Äpfel der Gutsherrn und der Bürger

Idealisten gegen den Schlendrian

H. L. Manger
(aus: *Teutscher
Obstgärtner,*
Bd. 17)

Nach dem Tod Friedrichs 1786 gingen die Initiativen zum Obstbau vor allem von privater Seite aus. Aufklärerische Gutsbesitzer und Bürger wetteiferten um die besten Obstanlagen. Der Potsdamer Baumeister Heinrich Ludwig Manger, ein engagierter Pomologe, wurde von Friedrich Wilhelm II. mit dem Posten eines Garteninspektors belohnt. 1791 wurde in Potsdam auf Betreiben von Germershausen und Johann Gottlob Schulze, dem Nachfolger Mangers, die Märkische Ökonomische Gesellschaft gegründet. Direktor wurde der Pädagoge aus Reckahn, Friedrich Eberhard von Rochow. Mitglieder waren u. a. die Potsdamer Baumeister Michael Philipp Boumann und Andreas Ludwig Krüger, die Potsdamer Hofgärtner Friedrich Zacharias Salzmann, Wilhelm Sello, Heinrich Christian Eckstein und George Steinert, aber ebenso die Minister Otto von Voß, Ewald Friedrich Graf von Herzberg und Johann Christoph von Woellner.

● In dieser Gesellschaft spielte der Obstbau eine große Rolle. Schon in der ersten Versammlung am 7. Februar 1792 sprach Schulze zum Thema.[34] Auch später schrieb er in dem Monatsblatt der Gesellschaft mehrfach über Obstbau. Carl August Hubert ging 1792 systematisch der Frage nach, wie es zu dem Vandalismus an Alleen kam. Auch ein Aufsatz von Rochow befaßte sich 1794 mit der Zerstörung von Obstbäumen durch Jugendliche. Er setzte sich dafür ein, daß die Obstbäume aus den Gemüsegärten herausgenommen und auf Äcker, an Wege und Viehtriften gepflanzt werden.[35]

Schulzes Engagement für den Obstbau in den königlichen Gärten entsprang keiner Weisung von oben, sondern seinem eigenen Antrieb. Er verpflichtete alle Hofgärtner, in ihren Revieren Obstbaumschulen anzulegen, die auch an Privat verkaufen sollten, und beteiligte sie am Erlös. Da diese kleinen Anlagen aber den Bedarf nicht decken konnten, beschloß er 1790, außerdem eine zentrale Baumschule in Sanssouci anzulegen. Er wählte dazu den südlichen Rand des Parks Sanssouci zwischen dem Chinesischen Teehaus und dem Freundschaftstempel. Diese 20 Morgen große sumpfige Wiese mußte durch Aufschüttung kulturfähig gemacht werden. Schulze engagierte die neun in Bornstedt ansässigen Bauern, die traditionell mit Fuhrarbeiten für Sanssouci beschäftigt wurden. Neu war dabei Schulzes Idee, die Bauern in Wettbewerb treten zu lassen, indem er im Akkord jedem einen Teil der Fläche zur Aufschüttung zuwies. Jeder wollte nun als erster mit seiner Fläche fertig sein. So verfuhr Schulze beharrlich fünf Winter lang. Insgesamt wurden 9 000 Schachtruten (40 000 qm) Boden nördlich des Parks am Höhenrücken gewonnen und in der Baumschule aufgetragen, selbstverständlich ohne Maschinen. Schulze teilte die Baumschule in etwa 30 Quartiere und übergab sie der bewährten Betreuung durch den Hofplanteur Johann Wilhelm Sello. Dieser wohnte südlich der Baumschule in der heutigen ›Meierei am Kuhtor‹, die man auf dem Weg nach Charlottenhof durchschreitet.

● An den Längsseiten der Quartiere pflanzte er als Mutterbäume abwechselnd Äpfel und Birnen, an den Querseiten abwechselnd Kirschen und Pflaumen. Dann zog er Linien zwischen den Längsseiten, bepflanzte sie mit Apfel- und Birnenstämmen, die dann

Sprichwort
Der Baum trägt sich selbst keine Äpfel.

Sprichwort

Am
heiligen Gallus*,
der Apfel
im Sack sein
muß.

*) 16. Oktober

mit Reisern von den am Anfang oder Ende der Reihe stehenden Mutterbäumen veredelt wurden. Waren nach einigen Jahren alle jungen Bäume an den Mann gebracht worden, zog er Linien zwischen den Schmalseiten, bepflanzte sie mit Kirschen- und Pflaumenstämmen und verfuhr wie beim Kernobst. So wurde der Bodenmüdigkeit vorgebeugt, und die Gärtner konnten beim Veredeln nicht so leicht die Bäume verwechseln. Die Mutterbäume waren numeriert und standen in der Reihenfolge des Sortenverzeichnisses. Ohne den Sortennamen zu kennen, konnte der Besucher sich im Herbst die Jungbäume aussuchen, die in der Reihe derjenigen Mutterbäume standen, deren Früchte ihm zusagten. Ringsherum wurden Ziergehölze nach dem Alphabet gepflanzt.

● Johann Wilhelm Sello war selbst ein aktiver Obstbauer, der sich Gedanken machte, wie man auch auf dem Land die Obstkultur befördern könnte. Wiederholt machte er Vorschläge bei der Regierung, und jedesmal wurden sie als undurchführbar beiseite gelegt, unter anderem mit dem Hinweis auf den Vandalismus an öffentlichen Obstpflanzungen. Sello verwies auf Anhalt-Dessau, Holstein und andere Fürstentümer, wo dergleichen bereits gelungen war. Auch 1811, als nur noch wenige Kreisgärtnerstellen besetzt waren, konnte der brandenburgische Obstbau noch nicht den Bedarf decken.[37] Die Provinzregierung Friedrich Wilhelms III. lehnte aber Zwangsmaßnahmen ab und beschränkte sich darauf, die Dorfschullehrer auf Seminaren im Obstbau zu unterrichten und ihnen Franz Baedekers Buch *Kurzer und faßlicher Unterricht in der einfachen Obstbaumzucht für die Landjugend* (1. Aufl. 1796) an die Hand zu geben.

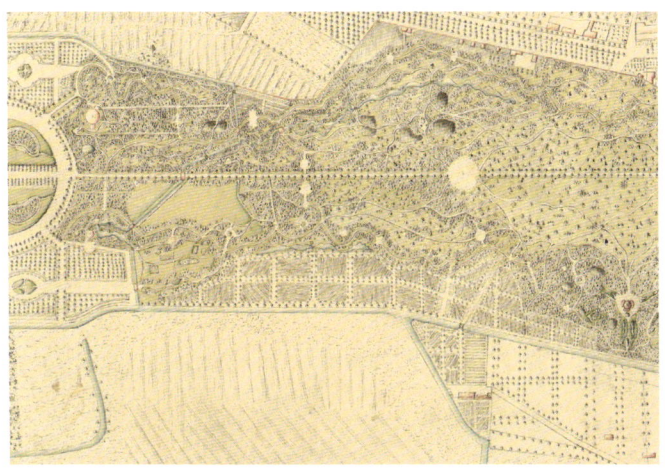

Schulzes Baumschule in Sansssouci

Ausschnitt aus dem Plan von Johann Wilhelm Busch 1797,

(SPSG, Plsg. 11791)

Durch die Aktivitäten der königlichen Gärtner, der Mitglieder der Ökonomischen Gesellschaft sowie einiger Gutsbesitzer wie Leopold von Reichenbachs in Freienwalde oder Peter von Itzenplitz' in Kunersdorf bei Wriezen stand der Obstbau am Anfang des 19. Jahrhunderts in Brandenburg aber schon auf weit stärkeren Füßen als im 18. Jahrhundert, weil eine breitere Basis sich seiner annahm.

● Doch war die Kurmark immer noch obstbaulich den benachbarten Regionen unterlegen. In Sachsen-Anhalt, in der zu Sachsen gehörenden Niederlausitz um Guben, in der Prignitz und in der Altmark waren schon im 18. Jahrhundert Obstanbaugebiete entstanden. Der Statistiker F. W. A. Bratring schildert 1804 eine Übergangssituation, in der einerseits die Unterlegenheit der Mark beklagt wird, andererseits sich schon die kommende Rolle Werders als führendes Obstbaugebiet abzeichnet. Er schreibt: *»Am meisten wird die Obstkultur in der Mittelmark vernachlässigt; dafür aber zeichnet sich die Stadt Werder mit ihren edleren Obstsorten aus, womit sie die Stadt Berlin fast ein halbes Jahr hindurch versorgt.«* [38]

● Nach dem Wiener Kongreß 1815 gehörten die Rheinprovinz und Westfalen mit einem blühenden und organisierten Obstbau zu Preußen. Das ließ die Potsdamer Regierung als Vorbild gelten. Sie fragte 1819 die Landräte, Superintendenten und Schulinspektoren, ob die Verfügung der Regierung zu Münster, die Dorfschullehrer Lehrbaumschulen anlegen zu lassen, auch für Brandenburg in Frage käme. Landrat Friedrich Emil von Zieten aus Wustrau bejahte dies im Prinzip, forderte aber den Unterricht für alle Landkinder, auch für die Mädchen, und empfahl Wachsmodelle der jeweils zehn geeignetsten Apfel- und Birnensorten bereitzustellen. Ohne ein bindendes Gesetz bestünde allerdings kaum Aussicht auf Erfolg.[39]

● Hoffnungslosigkeit, was den Obstbau auf dem Lande betraf, zeichnete viele Kenner der Materie aus. Der berühmte Landwirtschaftsreformer Dr. med. Albrecht Thaer in Möglin äußerte 1819 überhaupt Skepsis, daß sich die Landschaftsverschönerung überall realisieren ließe, weil es soviel Baumfrevel in Brandenburg gäbe.[40]

● Noch in der Kaiserzeit sagte der Teltower Landrat Prinz Handjery zu Adolf von Türk aus Klein-Glienicke, in Preußen wie in Württemberg Obstbäume an Landstraßen zur Cidergewinnung anzupflanzen, *»das ginge nicht, es sei zu viel Baumfrevel.«*[41] Ein Gutachten von 1889 besagte, daß trotz Wiederbesetzung der Kreisgärtnerstellen in Ruppin und der Ostprignitz der Zustand der brandenburgischen Obstalleen viel zu wünschen übrig ließe.[42]

Wachsmodelle von Äpfeln aus der Sammlung Bertuch.

51

Zankäpfel

Sprichwörtlich berühmt war der ›Zankapfel‹ schon in der Antike, denn er soll einst den Krieg um Troja ausgelöst haben. Eris, die Göttin der Zwietracht war zu einem großen Fest nicht eingeladen worden. Sie rächte sich, indem sie einen Apfel unter die Festgäste warf, auf dem geschrieben stand: ›Der Schönsten.‹ Der Streit um diesen Apfel und die Entscheidung des Königssohnes Paris für Aphrodite und Helena führte dann zum langen Krieg um Troja.

Grübelnder Paris
mit Apfel,
Ridolfo Schadow
nach
Antonio Canova,
Bronze, 1826
(Inv.-Nr. 25)

Lenné gegen Schulze

Auch in Potsdam zankte man im 19. Jahrhundert viel um Äpfel und Birnen, auch wenn es eigentlich um persönliche Rivalitäten ging. Da war zunächst die Potsdamer Landesbaumschule. Die Gründung dieser Baumschule, die sich bald zu einer der führenden in Deutschland entwickelte, geht auf eine Initiative von Peter Joseph Lenné zurück, der 1816 als Gärtnergeselle zu Schulze nach Potsdam kam.

● Vor allem wollte Lenné eine Baumschule für Ziergehölze, die er bei seinen zahlreichen Umgestaltungen und Neuanlagen von Landschaftsgärten benötigte. Damit stand er unter Friedrich Wilhelm III. aber auf verlorenem Posten. Deshalb argumentierte er mit dem Obstbau: »*Der Obstbau ist das, was wir hier am Meisten vermissen; die ärmlichen Pflanzungen in den Privat-Gärten unserer Landsleute gewähren einen traurigen Anblick.*«[43] Ihm schwebte seine rheinische Heimat vor Augen. Vorbild war ihm nicht Schulzes Einrichtung, sondern die von seinem Vater

1811 unter der französischen Besatzungsmacht in Koblenz eingerichtete *Pépinière du Département,* aus der er auch für Potsdam Obstbäume kommen ließ.[44]

● Eine seiner frühen Arbeiten war die Landschaftsverschönerung im pommerschen Reichenbach (Radaczewo) in den Jahren nach 1820. Er behauptete später, daß es *»erst nach unendlichen Bemühungen gelang, (für Reichenbach) nur 100 brauchbare Obstbäume zu bekommen.«*[45] Daß dem nicht so gewesen sein kann, belegen allerdings die Rechnungbücher der Potsdamer Gartendirektion. Dort findet man, daß zum Beispiel der Hofgärtner Johann Carl Jacobi in der Baumschule am Berliner Tor im Jahre 1816 1 902 Apfel-, 1 160 Birn- und 663 Kirschbäume veredelte.[46] Es scheint sich um eine von Lennés berühmten taktischen Aussagen zu handeln.

● Im Februar 1821 unterbreitete Lenné der Potsdamer Regierung erste Vorschläge zur Einrichtung einer Landesbaumschule. Im Dezember 1821 sandte er eine zweite, beschwörende Denkschrift ein: *»Grundzüge zur Einrichtung einer Landesbaumschule bei Potsdam.«* Nur das Größte kam für ihn in Frage. *»Man muß bei Aufstellung des Maßstabes* […] *von den kleinlichen Plantagen unserer Baumzüchter absehen. Beispiele der Art, wie die Plantage des Baumann zu Bollwiller bei Strasburg, der Chartreuse in Paris, sind allein einer solchen Anstalt würdig* […]. *Die Königliche Regierung wird* […] *in den Stand gesetzt werden, das Land zu großen Anlagen daraus zu versehen, die Landstraßen (wo der Boden sich dazu eignet) mit Obstbäumen zu bepflanzen, und dem Privatmanne die Bäume zu billigen Preisen abzugeben; es wird ihr ferner gelingen, die leider noch vorherrschende Meinung: es wäre Boden und Klima in hiesiger Provinz nicht zur Obstbaumzucht ge-*

eignet, und daß die Fruchtfelder, wenn Obstbäume in ihrer Nähe angepflanzt werden, benachtheiligt würden, zu berichten.« Er hatte einen genauen Plan gemacht. Während er zuerst die gesamte Pirschheide südlich des Neuen Palais zur Baumschule einrichten wollte, beschränkte er sich in dem zweiten Plan auf die nicht bewaldeten Flächen zwischen Charlottenhof und der Chaussee nach Brandenburg. Lenné wollte eine »ästhetisch geordnete« Schauanlage, »mit dem Garten von Sanssouci in Beziehung gesetzt, daß jene Anlagen als Fortsetzung des letztern erscheinen. [...] An keinem Ort kann eine zur Belehrung und zum Verkehr mit dem großen Publikum bestimmte Anstalt wirksamer aufgestellt werden.« [47]

● Die Regierung war naturgemäß skeptisch, nahm aber Lennés säuberlich geschriebenes Papier insofern ernst, als sie alle Landräte fragte, ob Bedarf für eine solche Einrichtung bestünde. Als erster reagierte Leopold von Reichenbach aus Freienwalde und bot Lenné Reiser aus seiner Obstsammlung an. Die anderen Landräte äußerten sich eher ablehnend und führten aus, daß der nicht übermäßige Bedarf an Obstbäumen durch die im Kreis vorhandenen privaten und gemeindeeigenen Baumschulen gedeckt wäre oder in benachbarten Regionen leicht befriedigt werden könnte. Nach über zehn Monaten antwortete die Regierung Lenné: »Unter diesen Umständen haben wir keine Veranlassung, in die Sache weiter einzugehen.« [48]

● Natürlich gab Lenné nicht so schnell auf. Zwei Umstände kamen ihm entgegen. Im April 1822 starb Wilhelm Sello, der sich wahrscheinlich Lennés Projekt widersetzt hätte. Seine Stelle bekam der Schlesier Carl Handtmann, der von Ziergehölzen mehr verstand als von Obst. Außerdem war 1822 in Berlin der Gartenbauverein gegründet worden. Schon in dessen zweiter

Sitzung trug Lenné seine Denkschrift vor, und nun, mit Befürwortung des Kultusministers von Altenstein, des Innenministers von Schuckmann und des Hofmarschalls von Maltzahn, hatte er Erfolg. Am 23. August 1823 genehmigte der König die Gründung der Königlichen Landesbaumschule, einer mit königlichen Mitteln ausgestatteten Aktiengesellschaft, die den Bedarf der königlichen Gärten decken und durch Verkauf Gewinne erwirtschaften sollte. Im Oktober war Lenné Direktor der Landesbaumschule. Schon am Anfang hatte er 44 Morgen zur Verfügung, mehr als doppelt so viel wie Schulze in Sanssouci.

● Sobald es Herbst war, begann Lenné, die Mutterstämme aus Schulzes Baumschule in seine Landesbaumschule zu überführen. Schulze, der weiterhin Gartendirektor und Lennés Vorgesetzter war, protestierte bei Maltzahn und warnte davor, daß Lenné vorrangig ausländische Ziergehölze anbauen würde.[49] So geschah es dann auch, aber Maltzahn hatte für Schulze nur ein nachsichtiges Lächeln. Daß die Landesbaumschule bereits 1828 mit einem ansehnlichen Obstbaumsortiment von 87 Äpfeln aufwarten konnte, ist sicher durch die Übernahme der Schulzeschen Bestände zu erklären. Die Schulzesche Anlage war Lenné von Anfang an ein Dorn im Auge gewesen, weil sie sich recht unharmonisch an den Park Sanssouci anschloß und den Ausblick in die damals noch freien Wiesen und Felder bis zur Straße nach Brandenburg störte. Bereits in dem ersten Verschönerungsplan, in dem der junge Geselle Lenné 1816 zeigte, wie er Sanssouci umgestalten würde, ist die Baumschule durch elegante landschaftliche Anlagen ersetzt. Als dann Friedrich Wilhelm III. 1825 das Gut Charlottenhof für den Kronprinzen ankaufte, bot sich die Gelegenheit, auf die Lenné gewartet hat-

Sprichwort

Sitzt das Laub im
Oktober noch fest,
dies einen
strengen Winter
erwarten läßt.

te: Alle Spuren der Baumschule wurden beseitigt, damit der neu geschaffene Park von Charlottenhof mit dem Park Sanssouci verbunden werden konnte. Da war Schulze immer noch Gartendirektor, Lenné hatte aber 1824 ebenfalls diesen Titel erhalten, ohne daß je geklärt worden wäre, wer eigentlich wofür zuständig war. Streitigkeiten zwischen Lenné und Schulze waren bis zu dessen Pensionierung 1828 an der Tagesordnung.

● Als Lenné um 1828 die Kolonie Alexandrowka mit hunderten Obstbäumen bepflanzte, dürfte er bereits auf erste Veredlungen der Landesbaumschule zurückgegriffen haben. Im übrigen hat sich Lenné um den Obstbau nicht weiter gekümmert, nachdem die Landesbaumschule gegründet war, bestens gedieh und gleichsam von selbst lief. Ein größeres Obstsortiment wurde stets unterhalten, obwohl Lenné selbst wohl kaum einen Überblick darüber hatte. Karoline Schulze berichtet, daß er sich seine einzigen Sortenkenntnisse als Geselle am Mittagstisch ihres Vaters, des Gartendirektors, angeeignet hatte, wenn dieser über das angebotene Obst sprach. Lenné ging es in erster Linie um das Schöne, ähnlich wie König Friedrich Wilhelm IV., und dann erst um das Nützliche. Karoline Schulze sprach 1868 sogar von einem Niedergang der Obstkultur unter Lenné. Wollte man jetzt gute Obstsorten bekommen, schrieb sie, »*muß man nach Reutlingen sehen, wo die Obstbaumzucht unter der vortrefflichen Leitung des Garten-Inspectors Eduard Lucas blüht.*« [50]

Edelborsdorfer in der Alexandrowka, um 1828 gepflanzt

● Der Zuckerfabrikant Ludwig Friedrich Otto Jacobs war wohl der letzte, der 1835/36 in seinem Garten in der Bertinistraße noch eine Obstplantage anlegte. In den vornehmen Bürgergärten der Stadt Potsdam wich das Obst den Ziergehölzen. Seit den 50er Jahren pflanzten die Villenbesitzer lieber Koniferen in ihre Gärten. In den umliegenden Dörfern wie Bornstedt aber trugen die Obstbäume wesentlich zum Lebensunterhalt der Siedler bei. Manche, die dem Vorbild Werders nacheiferten, nannten sich Obstzüchter. An der heutigen Potsdamer Straße wurde 1846 die Kolonie Neu-Bornstedt gegründet. Die von Gustav Meyer aufgenommene Karte *Die Königlichen Gärten und Parkanlagen bei Potsdam im Jahre 1853* zeigt zwischen Orangerie und Katharinenholz eine dichte Folge von Obstgärten, zwischen 2000 und 20000 qm groß.

● Der Verdrängung der Obstbäume aus der Stadt entsprach die Verlegung der Landesbaumschule auf das Vorwerk Alt-Geltow (1844–50), die nötig wurde, weil Friedrich Wilhelm IV. in der Pirschheide einen Wildpark nach eigenen Entwürfen einrichten wollte. Seit den 1850er Jahren beriet Professor Karl Koch vom Berliner Botanischen Garten die Landesbaumschule bei der Zusammenstellung ihres Sortiments. Obwohl Botaniker, hatte er ein starkes Interesse an Obst. Er schrieb *Die deutschen Obstgehölze* und veredelte die Bäume eigenhändig. Trotzdem hielten ihn viele für einen Laien auf dem Gebiet.

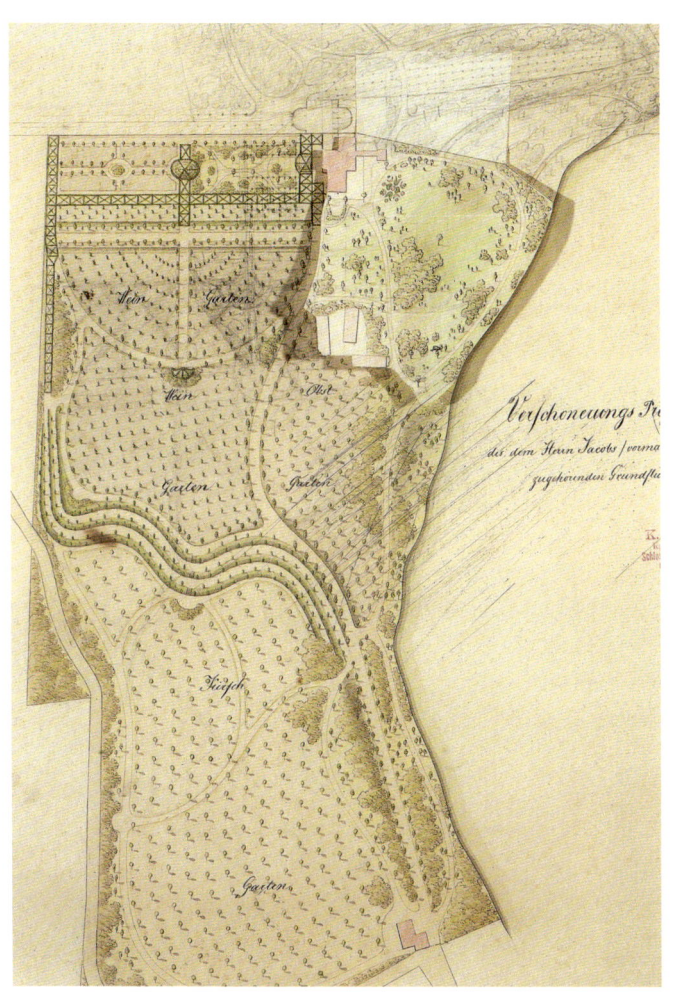

Obstgarten
des Fabrik-
besitzers Jacobs
in der
Bertinistraße
in Potsdam,
Lenné und
Hermann Sello,
(SPSG,
Plslg. 3667)

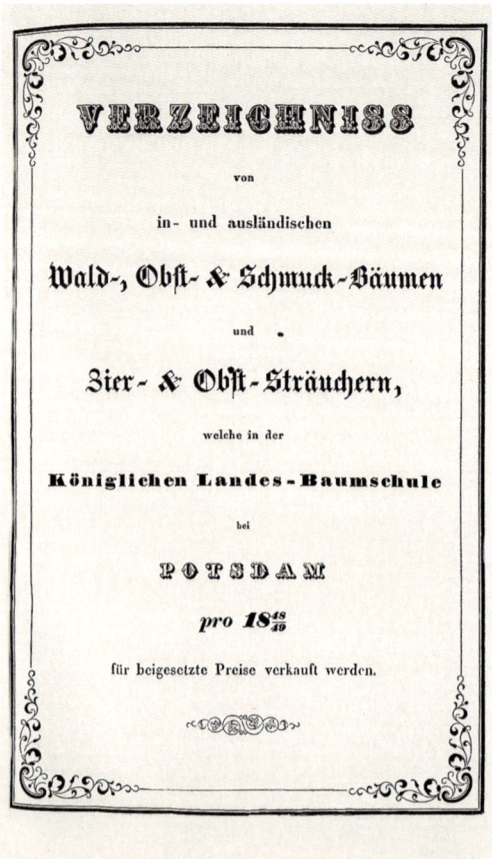

Katalog der Landesbaumschule in Potsdam, (BLHA, Rep. 2A, Pdm. I, LW 241)

Der Gartenbauverein und die Äpfel

Ein wichtiger Aspekt der Tätigkeit des Berliner Gartenbauvereines war von Anfang an auch die Förderung des Obstbaues in Preußen. Eigens zu diesem Zweck wurde ein Verwaltungsausschuß gegründet, der Anfragen auf diesem Gebiet beantworten und Probleme klären helfen sollte. Ihm gehörten u. a. kenntnisreiche private Kultivateure und Hofgärtner an. Schon im Jahr 1826 waren Anfragen so häufig, daß die damaligen Mitglieder Nietner, Fintelmann, Schulze, Lenné, Voß, Krausnick und Jacobi die Früchtebestimmung geschäftlich betreiben wollten. Im Zuge der Beantwortung einer Anfrage der Provinzregierung in Liegnitz zur Obstpflanzung an Landstraßen wurden von Lenné und Carl Fintelmann 1830 erst praktische Pflanz- und Pflegehinweise gegeben und in der Folge besonders geeignete Sorten genannt. An Apfelbäumen, die fast auf allen Standorten gediehen, sind 21 Sorten erwähnt.[51] Da man die Aufbewahrung von Tafelobst als großes Problem erkannt hatte, folgte ein Jahr später die Veröffentlichung einer Preisaufgabe der Pariser Gartenbau-Gesellschaft: »*eine große Medaille, 200 Fr. werth, für* [...] *das beste Verfahren,* [...] *um die bessern Sorten von Birnen und Aepfeln für die Tafel (zum Rohessen) in der größten Menge, die längste Zeit hinaus über den bekannten Zeitraum, und mit den möglichst geringsten Kosten zu bewahren«.*[52] Kurz darauf werden demselben Problem zehn Seiten gewidmet, indem ein Artikel des Franzosen Oscar Leclerc über Reife und Aufbewahrung von Kern- und Steinfrüchten samt den dazu gemachten physikalischen Bemerkungen des Medizinalrates Prof. Dr. Hermbstaedt abgedruckt wurde[53] und man wenig später die Effektivität des Einmietens

Sprichwort

Wenn
Apfelbäume
zweimal blühn,
wird der
Winter bis Mai
sich ziehn.

wie bei Kartoffeln erörterte.[54] Aus der Landesbaumschule stammen 31 wegen »*ihrer Dauer und ihres mannigfachen Nutzens wie wegen ihres feinen Geschmackes und ihres erquickenden Saftes*« empfohlene Sorten, die zum Großteil der Renetten-Gruppe angehören.[55]

● Ein besonderes wichtiges Projekt innerhalb der Vereinspolitik war die *Handbibliothek*, eine aus mehreren Büchlein bestehende Reihe, in der bewährte Fachleute zum Zwecke der Wissensvermittlung und Popularisierung einzelne Zweige des Gartenbaues näher erläuterten. Im zweiten und dritten Band handelt Hofgärtner Theodor Nietner 1837 alle Zweige der Küchengärtnerei detailliert und praxisnah ab. Im Zuge der Beschäftigung mit dem Apfelanbau nennt er 130 für Hochstämme und 54 für Zwergobst geeignete Sorten. Vor allem wegen des sehr geringen Platzbedarfes bevorzugt er letztere, und nimmt zur Formgebung gern das Schneiden in Kauf, welches er als Mittel zur Fruchtförderung ablehnt: »*abgesehen von dem Vortheil, welchen der Zwergbaum insofern vor dem Hochstamme voraus hat, als er manchen Raum des Küchengartens einnimmt, wo kein Hochstamm stehen kann* […] *hat er auch noch den sehr großen und wesentlichen Nutzen, daß er, weil er als Zwergbaum der rückstrahlenden Wärme der Erde mehr ausgesetzt ist – uns in den Stand setzt, manche zartere und feinere Obstsorten zur Reife und größeren Vollkommenheit zu bringen, als wir bei unserem nördlichen Klima durch den Hochstamm sonst im Stande sein würden.*«[56] Die folgenden Seiten sind den verschiedenen Zwergformen und ihrer speziellen Kultur gewidmet: Spalier, Fächerbaum, Kesselbaum, Busch und Pyramide, wieder mit beigefügten ausführlichen Listen besonders geeigneter Sorten. Im zweiten Teil erläutert er auch verschiedene Methoden der Aufbewahrung, z. B. offen auf kühlen Stellagen oder in verschlossenen Gefäßen wie Fässern, Kästen oder Gläsern.

C. J. Fintelmann

●. Nur zwei Jahre später steuert Carl J. Fintelmann, Hofgärtner am Neuen Palais, der Handbibliothek zwei Bände bei, die sich nur mit der Obstbaumzucht sehr ausführlich befassen.[57] In einleitenden Bemerkungen betont er die wichtige Vorbildrolle Frankreichs auf vielen Gebieten der Apfelkultur und in der Sortenzüchtung. Der Bemerkung über die sehr umfangreich notwendigen Importe italienischer Äpfel folgt gleichsam als Werbung eine Beschreibung der Vorzüge dieser Obstart:

»*Aepfel gedeihen fast in jedem Boden, nur sterben sie in hohem Sand mit schlechtem Untergrunde früh ab und geben auch bis dahin nur bei ausgezeichnet fruchtbarer und feuchter Witterung eine mittelmäßige Ernte; am besten sagt ihnen ein nicht zu schwerer Lehm- und schwarzer Boden zu. Vermöge ihrer sich mehr waagerecht ausbreitenden Wurzeln gedeihen sie selbst auf feuchtem Standort, sobald der Boden nur nicht zu kalt oder sauer ist.*

Alle Sommer- und Herbstäpfel ertragen, wo die Cultur der Aepfel nur einigermaßen zulässig, den höchsten Kältegrad ohne Nachtheil, sie können daher bei allen Obstanpflanzungen den freiesten und den kalten Winden am meisten exponirten Stand erhalten, wo sie zugleich als Schutz für die empfindlicheren Obstsorten dienen. Die feineren, aus dem südlichen Frankreich stammenden, Reinetten, Calvillen, Pigeons und mehrere Peppins, sind bedeutend empfindlicher, und begehren daher nicht allein einen geschützten Standort, sondern müssen im nördlichen Deutschland als Zwerg- und Spalierbäume gezogen werden, wenn sie vollkommene Früchte liefern sollen. Es ist hier nicht die Kälte des Winters, welche nachtheilig auf die

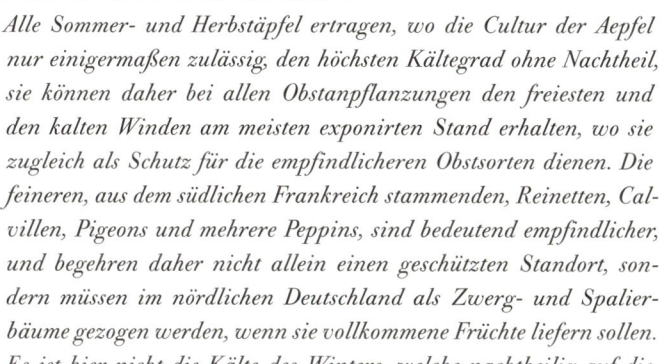

P. J. Lenné

Vegetation des Baumes einwirkt (denn auch die edelsten Sorten lei-
den nicht leicht von der Kälte), sondern nur der Mangel an Wärme
im Sommer führt die schlechte Ausbildung der Früchte herbei.«[58] In
Erweiterung und Ergänzung der schon von Nietner empfohlenen, spaliergeeigneten Sorten enthält sein Buch 33 Stück. Aus-
führliche Schnittempfehlungen mit dem Ziele der Dauerhaftig-
keit der Bäume widersprechen allerdings der zwei Jahre vorher
geäußerten Meinung seines Kollegen. Eine wichtige Neuerung
seiner Schrift ist die Werbung für die junge, seiner Meinung
nach aus China stammende, Methode der Obstkultur in Töpfen:
»*Für den Deutschen besteht der Nutzen zuvörderst darin, daß der*
Gartenfreund an solchen in Gefäßen befindlichen Bäumen reichlich
Blüthen und Früchte in einem weit kleineren Raume zur Entwick-
lung bringen, und dem Genusse wie dem Studium darbieten kann,
als dies an frei im Lande wurzelnden Obstbäumen möglich ist, deren
Blüthen und Früchte keinesweges die von gut gepflegten, in Gefäßen
gezogenen an Größe und Güte übertreffen. – Ferner kann man zärt-
liche Obstbäume dadurch, daß man sie in Gefäßen hält, weit leichter,
als wenn sie frei im Lande ständen, vor den, ihrem Ertrage und ihrer
Gesundheit nachtheiligen Einflüssen (der Kälte, des Grundwassers,
der Feuchtigkeit während des Blühens etc.) bewahren.«[59] Für diese
Kultur empfiehlt er 13 geeignete Sorten. Detailliert werden
im zweiten Band 478 ausgewählte Apfelsorten beschrieben[60],
gefolgt von der Übersicht der nötigsten Arbeiten, die die Obstkultur in jedem Monat erfordert.

Jühlke gegen Lenné

Nach Lennés Tod 1866 ernannte König Wilhelm den Garten-
bauunternehmer Ferdinand Jühlke zum neuen königlichen
Gartendirektor. Von ihm, der sich vornahm, vieles ganz anders
zu machen als Lenné, gingen wesentliche neue Impulse für den
Obstbau aus.

F. Jühlke

● Jühlke verwies sogleich bei Dienstbeginn in einem Memo-
randum vom 21. August 1866 auf die Schwachpunkte der Landesbaumschule. Er bezeichnete sie als unrentabel; die Zahl der
Obstbäume sei zu gering und das ganze Unternehmen dem
Untergang geweiht. Er wollte den abgelegenen Standort in
Alt-Geltow rasch aufgeben und träumte von der Neugründung
eines näher bei Potsdam gelegenen Obstsichtungsgartens.[61]

● Noch schärfer ging der Berliner Baumschulbesitzer Franz
Späth mit Lenné ins Gericht, dessen Baumschule ihm eine un-
liebsame Konkurrenz war. In einem Vortrag im Berliner Gartenbauverein verglich Späth 1868 die 1823 gesteckten Ziele der
Landesbaumschule mit dem Erreichten: »*Wo sind denn die Muster-
obstfelder von über 25 000 Stämmen? Wo sind die Versuchsfelder zur
Kultur der Gehölze, die sich durch Nutzbarkeit und Schnellwüchsig-
keit auszeichnen? Oder hat ewa die Landesbaumschule so sehr wesentlich dazu beigetragen, die verworrenen und schwankenden Begriffe
von den bauwürdigen Obstarten beim Publikum zu berichtigen und
festzusetzen? Vielleicht aber ist Jemand beim Durchwandern der Alt-
Geltower Baumschule von der ästhetischen Ordnung, die doch bei der
Gründung verheißen ist, entzückt worden?*« Die Landesbaumschule
glich demnach einer mittelmäßigen Handelsgärtnerei, wurde
aber vom Staat unterstützt, als ob sie gemeinnützig wäre.

● Jühlkes Absicht, den Standort Alt-Geltow aufzugeben, ließ sich nicht realisieren. So begnügte er sich mit einer Verbesserung dieser Anlage vor allem als Produktionsstandort, legte aber einen Mustergarten auch hinter dem neuen Gebäude der Gärtnerlehranstalt am Wildpark an, den das Publikum eher besuchen konnte. Selber in Erfurt lange Zeit als Handelsgärtner tätig gewesen, nahm Jühlke die Herausforderung an, die Landesbaumschule gegen die Konkurrenz der Privaten zu behaupten. Dabei mußte sie den Bedürfnisse des Marktes angepaßt werden. Die wissenschaftliche Leitung nahm er Koch aus den Händen und übertrug sie 1869 seinem Garteninspektor Wilhelm Lauche, der wie er selbst vorher Handelsgärtner gewesen war. Lennés Sammlung von angeblich 2 000 Obstsorten galt der neuen Leitung als Spielerei und wurde rigoros auf 400 Sorten reduziert.[62] »*Es hat keinen Zweck,*« schrieb Lauche, »*dass der Obstzüchter Kenntniss nimmt von der Existenz aller werthlosen und mittelmässigen Sorten und dass dieselben immerfort empfohlen, beschrieben, vermehrt und angepflanzt werden.*«[63]

● Jühlke vergaß die Öffentlichkeitsarbeit nicht und veranstaltete seit 1870 alljährlich Obstausstellungen im Lehrsaal der Potsdamer Anstalt. Sein Wirken für den Obstbau machte sich also weithin bemerkbar, so daß der 1860 gegründete Deutsche Pomologenverein die VIII. Jahresversammlung der deutschen Pomologen und Obstzüchter im Herbst 1877 nach Potsdam legte. Die Organisation übernahm Lauche. Der Kaiser genehmigte, daß Versammlung und Ausstellung in der Orangerie von Sanssouci stattfanden, bevor die Kübelpflanzen eingeräumt wurden.

● Am 2. Oktober wurden die Gäste am Potsdamer Bahnhof von Herren mit grünen Schleifen im Knopfloch in Empfang genommen. Im Tagungsbüro in der Orangerie erhielt dann jeder eine grüne Schleife, wenn er die Tagungsgebühr von 3 Mark gezahlt hatte. Rudolf Goethe aus Brumrath, Nicolas Gaucher aus Stuttgart, Wilhelm Seelig aus Kiel, Carl Sennholz aus Wilhelmshöhe, Wilhelm Tatter aus Herrenhausen, Gustav Stoll aus Proskau, insgesamt 189 Teilnehmer kamen zu der fünftägigen Veranstaltung. Der Geschäftsführer des Pomologenvereins, der 61-jährige Dr. Eduard Lucas aus Reutlingen, kam in Begleitung seines Sohnes Friedrich. Er fand niemand auf dem Bahnhof vor, irrte nervös durch Potsdam, bevor er sein Quartier bei Hofgärtner Ludwig Brasch in der Maulbeerallee fand. Am ersten Abend begrüßte Jühlke die Angereisten im Café Sanssouci, das unterhalb der Orangerie lag. Man plauderte »in heiterster Stimmung«, wie Lauche schrieb.

● Jühlke eröffnete am nächsten Morgen die Tagung mit einer einnehmenden Rede und einem dreifachen Hoch auf den Kaiser. Koryphäen wie Lucas, Jühlke, Koch, Heinrich Maurer aus Jena, Gustav Stoll aus Proskau hielten Vorträge, aber auch Lauches 18-jähriger Sohn Rudolph.

● Höchst aufwendig war die Ausstellung in der Orangerie. Viel zuviel Pomp, fand Lucas. Lauche hatte den Raum mit Palmengruppen, Fuchsien, Begonien und anderen tropischen Pflanzen auf das prächtigste geschmückt, um der Ausstellung »eine gewisse höhere Weihe« zu geben. An der Stirnwand hatte er die Büsten des Kaiser- und des Kronprinzenpaares aufgestellt, die Herren mit Lorbeer-, die Damen mit weißen Rosenkränzen gekrönt. Der mühsame Aufbau lag in den Händen von Lauches 28

E. Lucas (aus: *Pomologische Monatshefte* 1884)

67

Schülern an der Gärtnerlehranstalt, unter denen die späteren Gartendirektoren von Riga bzw. Hannover, Georg Kuphaldt und Julius Trip, waren. Der von Jühlke eingeladene Kaiser kam nicht, aber das Kronprinzenpaar, das selbst am Neuen Palais einen Obstgarten angelegt hatte, besuchte die Ausstellung.

● Auf langen Tafeln, die Lauche in weiß, grau und grün festlich drapiert hatte, waren die Früchte aufgestellt. In der ersten Abteilung wurde erstmals ein reduziertes Normalsortiment von je fünfzig der besten Apfel- und Birnensorten ausgestellt, wobei die fehlenden Sorten durch Fruchtnachbildungen aus Pappmaché ersetzt waren, wie sie damals zu Lehrzwecken benutzt und auch in der Gärtnerlehranstalt verwendet wurden. Die zweite und größte Abteilung, von Lucas konzipiert, zeigte das von 79 Ausstellern eingelieferte Sortiment von über 1 000 Sorten in systematischer Ordnung. Die benötigten 8 000 Teller hatte Lauche in Porzellangeschäften gemietet. Seitlich hatte er über 1 000 Fruchtaquarelle, die er von seinen Schülern hatte anfertigen lassen, ausgestellt. Eine Vorstellung von diesen heute verschollenen Aquarellen gibt Lauches pomologisches Tafelwerk, das auf Grundlage der Aquarelle gedruckt wurde. Lucas bemängelte gravierende Fehlbestimmungen. Auf der Galerie stand eine weitere lange Reihe von Tafeln für eine Gemüseschau. Mehrere Baumschulen hatten ganze Bäume, meist in Spalierform, herangefahren. Andere Aussteller zeigten Konserven, Etiketten, Bücher, Entwürfe und diverse weitere Gegenstände.

Blick in die Obstaustellung in der Großen Orangerie 1901
(aus: *Bericht über die Provinzial-Obst-Ausstellung Potsdam* 1901)

Lauche gegen Lucas

Am 3. Oktober um 18 Uhr begann die Mitgliederversammlung im Café Sanssouci. »*Erst gegen die Mitternachtsstunde, als ein großer Theil der in das Geheimniss nicht hineingezogenen Mitglieder, von der Reise ermüdet, die Versammlung verlassen hatten, in der Ueberzeugung, dass es sich nur noch um die Abwickelung von Formalien handeln würde, gelang es dann den geplanten Erfolg zu erzielen. Von etwa 50 in der Versammlung zurückgebliebenen Mitgliedern wählte eine Majorität von 7 Stimmen Potsdam gegen Reutlingen zum Centralpunkt, somit den Herrn Garten-Inspector Lauche zum Geschäftsführer des Deutschen Pomologen-Vereins.*«

● Der 50-jährige Lauche war den meisten Pomologen noch ziemlich unbekannt. Bis 1869 hatte er sich in seiner Potsdamer Gärtnerei besonders mit Farnen und Orchideen beschäftigt. Den Grundstock seiner privaten Obstsammlung hatte er sich 1860 in Form von 1 600 Reisern von Oberdieck kommen lassen.[64] Die nächtliche Abstimmung hatte jahrelange Querelen, Streitereien und Prozesse zur Folge, die nicht nur Lucas und Lauche, sondern auch den größten Teil der deutschsprachigen Pomologen entzweiten.

● Am 4. Oktober folgten wieder Vorträge und um 16 Uhr ein Festmahl im Café Sanssouci, an dem auch der Landwirtschaftsminister, der Regierungspräsident, der Oberbürgermeister und andere Honoratioren Ehrengäste waren.

● Am 5. Oktober eröffnete Lauche die Diskussion über die zehn besten Apfel- und Birnensorten für Pyramiden in norddeutschen Hausgärten. Er empfahl an erster Stelle die Winter-Goldparmäne, an zweiter Stelle die Ananasrenette. Lucas erwiderte, daß diese nicht einmal in Reutlingen zu den besten Früchten zählte, und so hoch im Norden viel zu sauer wäre. Als abgestimmt wurde, fiel die Ananasrenette durch. Dann kam der Virginische Rosenapfel an die Reihe. So ging es weiter, indem Lauche jeweils eine Sorte vorschlug, über die dann diskutiert und abgestimmt wurde. Etwa die Hälfte seiner Vorschläge kam durch. Lucas unterließ nicht, zu kritisieren, daß weder »*die wunderschön gezeichnete*« Burchardts-Renette, Wagners Preis-Rosenapfel noch Langtons Sondergleichen und nicht einmal der London Pepping genannt wurden.

● Währenddessen tagte auch die Preiskommission. Lauche erhielt die Goldmedaille für die beste Leistung bei der Ausstellung. Er selbst hatte die Medaille beim Kaiser beantragt. Lucas, Oberdieck und Lauches Sohn erhielten Silbermedaillen, Gaucher und Goethe Bronze. Lucas fand die Preisverleihungen völlig verfehlt.

● Um 14 Uhr wurden die mehr als 150 Tagungsbesucher in einer langen Reihe von Kutschen von Jühlke durch Sanssouci, den Neuen Garten, Klein-Glienicke und Babelsberg geführt. Alle Fontänen waren angestellt. Nur im Pleasure-Ground von Klein-Glienicke verließ man die Wagen. Lauche schrieb das Protokoll: Es war ein milder Herbsttag. Die schräg fallenden Sonnenstrahlen verklärten »*die gelben Dinten der Herbststimmung mit einem goldigen Glanze wunderbar.*«

● Noch im selben Jahr ließ Lauche in Potsdam ein 380 Seiten umfassendes Buch mit dem Tagungsbericht drucken. Es beginnt mit folgenden Worten Lauches: »*Seit etwa drei Jahren bat mich Herr Dr. Lucas wiederholt brieflich sowohl, als auch mündlich, ihm das Amt des Geschäftsführers für den Deutschen Pomologen-*

Sprichwort
Wenn du mit dem Teufel zum Apfelpflücken gehen willst, bist du um Apfel und Korb betrogen.

71

GRAVENSTEINER

Gravensteiner (aus: Lauches *Pomologie* 1882)

WINTER-GOLDPARMÄNE

Wintergoldparmäne (aus: Lauches *Pomologie* 1882)

Verein abzunehmen.« Lauche hob seine eigenen praktischen und theoretischen Kenntnisse hervor und betonte seine guten Beziehungen zum Kaiserhof, indem er sämtliche huldvollen Genehmigungsschreiben, die er bei der Vorbereitung der Tagung erhalten hatte, abdruckte. Die Rechnung der Druckerei über 1 200 Mark sandte er an Lucas.

● Im Verlauf der folgenden erbitterten Streitigkeiten erklärte sich Lucas wiederum zum rechtmäßigen Geschäftsführer und gab seit 1. Januar 1879 ein Vereinsblatt des Deutschen Pomologenvereins heraus. Die süddeutschen Mitglieder hielten überwiegend zu ihm, die preußischen zu Lauche, der eine eigene Vereinszeitschrift gründen wollte. 1879 erschienen bei Wiegandt & Hempel in Berlin die ersten Lieferungen von Lauches vierbändigen Prachtwerk *Deutsche Pomologie*. Es ist ein weiteres Ergebnis der Sortimentsbereinigung. Lauche beschränkt sich hier konsequent auf je 100 Birnen und Äpfel und 25 Kirschen und Pflaumen. Wie bei der Obstausstellung 1877 war großes Gewicht auf eine opulente Aufmachung gelegt worden. Das Gesamtwerk mit 400 Tafeln in farbigem Steindruck kostete 100 Mark. Der Verfasser widmete das Werk seiner Nachbarin im Neuen Palais, der Kronprinzessin. Führende Fachzeitschriften lobten das Werk sehr. Nur Lucas ließ einen Verriß drucken.

Sieg der Ökonomie

In seinem umfänglichen *Handbuch des Obstbaues* beschäftigte sich Lauche intensiv mit dem ökonomischen Nutzen dieses Wirtschaftszweiges: »*Von Vielen wird freilich das Obst nur als Naschwerk betrachtet und ihm kein hoher Werth beigemessen; für diese folgen die nachstehenden Mittheilungen über Obsterträge, der Wirklichkeit entnommen, um zu zeigen, bis zu welchen Einnahmen der Obstbau bei rationeller Bewirthschaftung gesteigert werden kann.*«[66] Anhand von Beispielen berechnet er den monetären Ertrag von Apfel- und Birnbäumen und schließt mit dem eindringlichen Appell: »*Betrachtet man alle die Vortheile, welche der Obstbau bereitet, den ausserordentlichen Nutzen und die vielen Annehmlichkeiten, die eine gut unterhaltene Obstanlage gewährt, bedenkt man, welche verschiedenen Nahrungsmittel das Obst Gesunden und Kranken liefert, wie es zur Ersparung an Genussmitteln der häuslichen Wirthschaft beiträgt und endlich dass Obstanpflanzungen veredelnd auf das Gemüth der Menschen wirken – denn überall, wo Obstbau gepflegt wird, findet man eine arbeitsame, nüchterne, genügsame und betriebsame Bevölkerung, die sich durch Sparsamkeit und Wohlstand auszeichnet – so erscheint es wirklich unbegreiflich, dass derselbe in den meisten Gegenden noch immer im Argen liegt, dass Garten-, Feld- und Gutsbesitzer immer noch aufgemuntert werden müssen, dass die Gemeinden ihren Vortheil nicht begreifen und ungeachtet der schönen Einnahmen, die sie vom Obstbau haben, sich nicht entschliessen können, Ausgaben für Obstanlagen zu machen.*«[67]

● Kein Wunder, daß die Werderschen Obstbauer ihm nach seinem Tode ein Denkmal setzen wollten.

● Noch jahrelang polemisierte Lucas gegen Lauche. Lauche und seine Partei behielten jedoch die Oberhand. Lucas trat aus dem Verein aus und starb verbittert am 24. Juli 1882. Lauche fuhr fort, gewichtige pomologische Bücher zu publizieren, konnte sich aber seines Sieges nicht lange freuen, denn am 12. September 1883 starb auch er, »*nach längerem Leiden*« an »*Malariafieber*,« nur 55 Jahre alt. Er wurde in einem Erbbegräbnis auf dem Bornstedter Friedhof, Teil III, beigesetzt (heute nicht mehr vorhanden). Die Kronprinzessin schickte einen Kranz für sein Grab.

● Lauche und Jühlke waren die letzen Vertreter des Hofes, die den Obstbau maßgeblich beeinflußten. Wie schon Manger, Schulze und Sello wirkten sie hierbei aus eigenem Antrieb und nicht in speziellem königlichen Auftrag. Daß Franz Späth 1883 zweiter und 1889 erster Vorsitzender des Pomologen-Vereins wurde, ist ein deutliches Zeichen der endgültigen Privatisierung des Obstbaus. Seit 1886 sandte neben Jühlke auch Späth seine Kataloge an die Landkreise. 1887 erschien der letzte nachweisbare Katalog der Landesbaumschule. 1891 wurde die Auflösung der Landesbaumschule beschlossen. Sie erfolgte in Jühlkes Todesjahr 1893.[68] Die Stellung des königlichen Gartendirektors am freien Markt war unhaltbar geworden.

● Eher eine Kuriosität war es, wenn am Potsdamer Hof weiter extravagante Anbaumethoden gepflegt wurden. Wilhelm II. ließ am Fuße des Klausbergs kostspielige neue Obsttreibhäuser einrichten. Auf den Sanssouci-Terrassen erzielte sein Hofgärtner Friedrich Kunert große Erfolge beim Anbau des Weißen Winterkalvills in Töpfen. Impulse für den Erwerbsobstbau gingen hiervon wohl kaum noch aus.

Weißer Winterkalvill als Topfbaum in Sanssouci,

(Foto aus dem Nachlaß des Hofgärtners Kunert)

Die Äpfel des Volkes

1804 konnte die Kurmark laut Bratring Berlin noch nicht hinlänglich mit Obst versorgen. Im Verlauf des 19. Jahrhunderts änderte sich dies, und die Gegend um Werder wurde zum führenden märkischen Obstbaugebiet. Doch mehr noch. 1927 war die Mark nach Sachsen und Hannover die obstreichste Provinz ganz Preußens. Den weitaus größten Anteil hatte daran der Bezirk Potsdam mit fast 4 000 Hektar Obstanlagen. Das war mehr als die gesamte Rheinprovinz besaß.[68] Am größten war nach der Obstbaumzählung von 1927 das havelländische Gebiet um Werder mit 826 904 Obstbäumen.[69]

● Nach 1945 wurden diese Verhältnisse, statistisch gesehen, noch übertroffen. Die Anbaufläche erreichte etwa 10 000 Hektar. Die Bildung Gärtnerischer Produktionsgenossenschaften und Zusammenlegung der Obstgärten zu riesigen Feldern beendeten indessen die gewachsenen landschaftlichen und sozialen Verhältnisse gewaltsam. Es verschwanden die regionaltypischen Mehretagenpflanzungen und mit ihnen viele alte Sorten. Zumindest aber schien sich der Obstbau in der Mark nach jahrhundertelangen Mühen endlich unwiderruflich durchgesetzt zu haben.

● Nach 1990 zerfielen die Genossenschaften, und zahllose Obstplantagen wurden gerodet. Obstimporte überschwemmten den Markt. Binnen kurzer Zeit lag der Obstbau am Boden. Wenige Idealisten haben ihn wieder in die Hand genommen, versuchen es wieder mit einem größeren Sortenspektrum und warten auf die Einsicht der Mitbürger, daß brandenburgisches Obst besser ist als Normware aus dem Ausland.

Das Brandenburgische Apfelsortiment

Der Apfel gilt seit dem 19. Jahrhundert als die Obstart mit den meisten Sorten. Nicht zufällig heißt der Apfel auf französisch *pomme* und vertritt damit das ganze Geschlecht des Obstes (lat. *pomum*). Im 18. Jahrhundert war das Birnensortiment noch größer als das Apfelsortiment. Stets übertraf das Kernobstsortiment das des Steinobstes bei weitem. Im Havelland jedoch sind die Verhältnisse wegen des sandigen Bodens umgekehrt. Nach der Obstbaumzählung von 1927 gab es im Gebiet um Werder unter 826 904 Obstbäumen 43,3 Prozent Kirschen, 27,6 Prozent Pflaumen und nur 11,1 Prozent Äpfel.[70]

● Auch bei der Sortenverteilung gibt es regionale Besonderheiten. Schriftliche Angaben setzen in Deutschland in der Mitte des 16. Jahrhunderts ein. 1594 nennt Johannes Franke für die Lausitz bereits 20 Apfelsorten. Johann Cöler erwähnt 1595, wohl Brandenburg betreffend, nur Borsdorfer, Weinling, Glasapfel, Adamsapfel, Jungfernapfel, Melaunenapfel. [71]

● Jean Bauhin nennt 1619 für Süddeutschland 44 Apfelsorten. Johann Sigismund Elsholtz führt 1672 in seinem Buch *Vom Garten-Baw* 80 schon überwiegend deutschnamige Apfelsorten auf, läßt aber offen, ob diese alle in Brandenburg vorhanden waren. Die ältesten Nachweise für den Potsdamer Raum betreffen lediglich zwei Sorten: (Edel-) Borsdorfer und Roter Stettiner. Sie standen 1650 im Bornimer Gutsgarten[72] und wurden um 1730 auf dem Teltow angebaut.[73]

B. V.

Taf. 10.

XX. Der rothe Stettiner

7. 223.

Roter Stettiner,
wurde schon
vom Großen
Kurfürsten
gegessen.
(aus: *Teutscher
Obstgärtner*,
Band 5, 1796)

Calville blanche

Weißer
Winterkalvill,
in Sanssouci in
Töpfen
kultiviert.
Redouté
(aus:
Duhamel, 1835)

● Im 17./18. Jahrhundert orientierten sich anspruchsvollere Obstbauer an Frankreich. Die begehrten französischen Sorten wurden als ›Franzobst‹ bezeichnet.[74] Elsholtz nimmt 1672 eine Liste französischer Apfelsorten von Claude St. Estienne (1670) in sein Buch auf, und 1684 fügt er noch ein Kapitel über Erzeugung von Zwergobst hinzu. Die französischen Refugiés, die nach dem Edikt von 1685 nach Berlin und Brandenburg kamen, mögen zur Einführung französischer Sorten und Anbaumethoden beigetragen haben. Hinzu kam die allgemeine Vorliebe für die französische Hofkultur, die besonders Friedrich I. und Friedrich II. hegten. 1751 berichtet Bekmann, daß das »*Franzobst* [...], *welches weil es an Geschmack lieblicher, ietzo häufig und mit gutem Erfolg an allen Orten gebauet wird.*«[75] Georg Friedrich Möller beschrieb in der ersten brandenburgischen Pomologie (1755) 75 Birnen- und 22 Apfelsorten ausschließlich anhand der französischen Literatur, zum Beispiel Capendu (Königlicher Kurzstiel), Calville Blanc d'Hyver (Weißer Winterkalvill) oder Reinette Grise (Graue Französische Renette). Die deutschen Sorten verdienten laut Möller keine Beschreibung. Dennoch führte er Borsdorfer, Rostocker und Rote Härtlinge in seinem Verkaufssortiment.

● Der selbstbewußte Hofgärtner Friedrichs II. zu Sanssouci, Friedrich Zacharias Salzmann, trat 1774 mit seinem Büchlein *Pomologie oder Fruchtlehre* hervor, in dem 62 Äpfel beschrieben sind, darunter keinerlei deutsche. Eberhard von Rochow aus Reckahn empfahl 1794 für die brandenburgische »*Obstbaumzucht im Großen*« alte deutsche Sorten, sowie Taubenäpfel und Peppinge.

● Weil das Havelland besonders für Steinobst geeignet ist, traten hier schon Ende des 18. Jahrhunderts eigene Kirschsorten auf. Nach 1850 wurden dann in Werder auch einige neue Apfelsorten bemerkt, die möglicherweise auch hier entstanden sind.[76] Es handelt sich um Schöner aus Werder, Werderscher Milchapfel und Werdersche Wachsrenette. Die letztere Sorte verbreitete sich hier stark. 1891 war sie auf der Obstausstellung in Werder bei 60 Ausstellern vertreten. Sie wurde als ganz besonders edel gepriesen und als der Lieblingsapfel des ›hochseligen‹ Kaisers Friedrich hervorgehoben.[77]

Des Kaisers Apfel

In Witzhelden, Kreis Solingen, lebte im 19. Jahrhundert der Volksschullehrer Carl Hesselmann. Wie viele Dorflehrer seiner Zeit war er im Obstbau engagiert und versuchte, die Obstproduktion und die Sortenkenntnis auf dem Lande zu fördern. Im Gutsgarten von Haus Bürgel bei Burscheid entdeckte er 1864 einen schon ausgewachsenen Baum, der ungewöhnlich große Früchte trug. Damals waren die Äpfel im Durchschnitt noch längst nicht so groß wie die Supermarktware von heute. Der Lehrer schnitt Reiser des merkwürdigen Baumes und veredelte sie in seinem Garten auf junge Stämme. Karl Koch brachte die ersten Äpfel 1867 unter dem Namen Roi Guillaume auf die internationale Obstausstellung in Paris.[78] Die weitere Vermarktung des Fundes erfolgte, nachdem Wilhelm sich zum Deutschen Kaiser hatte ausrufen lassen. Um Kaiser Wilhelm selbst für seinen Fund einzuspannen, schrieb Hesselmann im Dezember 1875 an seinen »*Allerdurchlauchtigsten, Großmächtigsten Kai-*

Courtpendu
(Königlicher
Kurzstiel) wurde
schon 1755
in Brandenburg
gehandelt.
(aus: Gallesio
1817)

KAISER WILHELM

Kaiser Wilhelm (aus: Lauches *Pomologie* 1882)

WERDERSCHE WACHS-REINETTE.

Werdersche Wachsrenette (aus: Lauches *Pomologie* 1882)

ser«. Er schickte ihm fünfunddreißig Früchte »*für Allerhöchst Ihren Weihnachtstisch*« und bot an, im Frühjahr einen kompletten Baum folgen zu lassen. Der Kaiser ging darauf ein und erklärte sein Einverständnis, das Bäumchen »*auf Babelsberg*« pflanzen zu lassen. Der Lehrer solle es nur direkt an seinen Hofgärtner Kindermann schicken. So wurde 1876 in Babelsberg tatsächlich ein Kaiser Wilhelm gepflanzt.

● Am Potsdamer Pomologenkongress von 1877 nahm auch Hesselmann mit seinem Apfel teil und errang eine Silberme-daille. Danach eroberte die Sorte das ganze Land. »*Noch bis in die 50er Jahre des 20. Jahrhunderts,*« schreibt der Pomologe Hans-Joachim Bannier, »*gehörte der 'Kaiser Wilhelm' zu den häufigsten Sorten des bäuerlichen Hochstamm-Obstbaus. Erst der breite Sieges-zug des Niederstamm-Plantagenobstbaus leitetete den Karriereknick des 'Kaiser Wilhelm' ein.*«[79] In der DDR strich man verschämt den ›Kaiser‹ und nannte die Sorte schlicht Wilhelmsapfel.

Von der Sichtung zum Kahlschlag:
Die Sortenreduzierung

In der Sammlung des Potsdamer Gartendirektors Schulze gab es 1791 zweiundsechzig deutsche, französische, englische und holländische Apfelsorten. Die Gesamtzahl bekannter Sorten stieg auf etwa 1200 beim Apfel und mehr als 1000 bei Birnen. Allein für Potsdam und Umgebung sind anhand von Schrift-quellen bis 1900 rund 400 Apfelsorten nachweisbar. Die Lan-desbaumschule besaß 1849 nach Angaben von Lenné 1360 Obstsorten, darunter 650 Apfelsorten.[80] Das Verkaufssortiment war erheblich kleiner und umfaßte 87 Sorten 1824, im Jahr 1829 schon 138 Sorten und 206 Apfelsorten 1851, sowohl als Hoch- wie auch als Niederstamm. Seit spätestens 1842 wurden die Äpfel und Birnen im Katalog in drei Güteklassen unterteilt. Beispielsweise gehörte der Ribston Pepping in die Güteklasse I, der Gubener Warraschke in Klasse II, wie auch die Berliner Schafsnase. Neuerscheinungen wie Kaiser Alexander und der Charlamowski wurden nach Erprobung in das Sortiment aufgenommen. Trotz ihres vergleichsweise begrenzten Umfangs war diese Vielfalt schwer überschaubar, und es kam vor, daß dieselbe Sorte unter verschiedenen Namen lief.

● Nach 1850 setzten sich in Berlin Karl Koch und in Potsdam Ferdinand Jühlke und Wilhelm Lauche vehement für eine Reduzierung des Obstsortiments ein. Nur die in der Provinz und den einzelnen Regionen am besten gedeihenden Sorten sollten angebaut werden. Auf der ersten pomologischen Ausstellung 1853 in Naumburg wurden noch diejenigen Aussteller am meisten bewundert, die die meisten Sorten vorweisen konnten. Von allen Ausstellern zeigte die Potsdamer Landesbaumschule mit 229 Sorten das größe Apfelsortiment, gefolgt von der Berliner Baumschule Lorberg (221) und Garteninspektor Dr. Eduard Lucas von den landwirtschaftlichen Anstalten in Hohenheim (180 Sorten).[81] In die Zukunft wies aber der Beschluß der Versammlung, für ganz Deutschland Normalsortimente von zehn Apfel- und neun Birnensorten aufzustellen. Koch bezeichnete die Sortenreduzierung 1857 als Aufgabe der zweiten Pomologenversammlung.[82] Schon 1855 hatte er das Apfelsortiment der Landesbaumschule auf 96 Sorten reduziert.

Bellefleur, 1871 in der Landesbaumschule. (aus: Duhamel, 1835)

Die seit 1837
bekannte Sorte
Charlamowski
ist seit 1861
in der
Landesbaum-
schule:
(aus: *Gauchers*
Prakt. Obstbaum-
züchter 1887)

• Auf der dritten Pomologenversammlung 1860 in Berlin wurde erstmals ein Normalsortiment von zehn besonders anbauwürdigen Apfel- und zehn Birnensorten beschlossen, um die Verwirrung um das riesige Sortiment zu reduzieren. Allerdings wurde die Anzahl der Sorten des Normalsortiments 1874 wieder beträchtlich erhöht. Auf der achten Versammlung 1877 in Potsdam stand im Mittelpunkt die Auswahl von zehn Apfel- und zehn Birnensorten, die sich zur Erziehung als Pyramide im norddeutschen Hausgarten besonders eignen. Die Äpfel waren: Winter-Goldparmäne, Virginischer Rosenapfel, Muskatrenette, Königlicher Kurzstiel, Englische Spital-Renette, Große Kasseler Renette, Sommer-Parmäne, Gelber Edelapfel, Landsberger Renette und Karmeliterrenette.[83]

• Bei der von Lucas vorbereiteten Potsdamer Obstausstellung 1877 lag der Schwerpunkt abermals auf der Größe des Sortiments. Die Werderschen Weinbergbesitzer Fritze und Puhlmann hatten 103 Apfelsorten eingesandt. Als »besonders fruchtbar« hervorgehoben wurden Roter Herbstkalvill, Baumanns Renette, Pariser Rambourrenette, Geflammter Kardinal, Winter-Goldparmäne, Goldzeugapfel, Werderscher Wachsapfel, London Pepping, Scharlachrote Parmäne, Danziger Kantapfel, Purpurroter Cousinot und Orleansrenette. Die Gärtnerlehranstalt stellte 59 Apfelsorten aus. Unter den sechzehn hier gut tragenden Sorten war nur eine einzige, von der in Werder das gleiche galt, der Goldzeugapfel.[84] Jühlke beantragte 1886 bei der Deutschen Landwirtschaftsgesellschaft die Erstellung einer Übersicht der in ganz Deutschland vorzugsweise angebauten Obstsorten und ihrer Verwendung. Daraufhin wurden tausend Fragebögen versandt, von denen 262 ausgefüllt wurden, davon 18 in Brandenburg. Hiernach waren in Brandenburg am stärksten verbreitet (Reihenfolge der Nennung): Winter-Goldparmäne, Große Kasseler Renette, Gravensteiner, Charlamowski und Danziger Kantapfel. [85] Auf der Werderschen Obstausstellung von 1891 wurden 173 Apfelsorten gezeigt, am häufigsten Goldparmäne, Scharlachrote Parmäne und Geflammter Kardinal.[86]

● Die Sortenreduzierung wurde immer mehr zum Programm. Aus dem Verkaufssortiment der Landesbaumschule wurden zahlreiche Sorten gestrichen, andere neu aufgenommen, zum Beispiel Cox' Orangenrenette, Ananasrenette und Gelber Richard. Die ursprünglich notwendige und heilsame Beschränkung des Sortiments schlug allmählich in eine Verarmung um. Deutlich ablesbar ist dies auch in den seit 1898 erschienenen *Mittheilungen des Märkischen Obstbauvereins.* Die Devise lautete »*viel Obst in wenig Sorten.*« Der Obstbaulehrer Haeckel aus Crossen schlug 1898 vor, zur Massenpflanzung nur noch fünf Sorten Äpfel und Birnen zu selektieren, nämlich: Goldparmäne, Schöner von Boskoop, Baumanns Renette, Landsberger Renette und Cox' Orangenrenette.

● Vorbild war jetzt Amerika, wo in riesigen Plantagen nur wenige Sorten gepflanzt wurden. Obwohl einige Namen wie Goldparmäne immer wieder genannt wurden, stellte sich heraus, daß selbst in der Provinz Brandenburg aus jeder Region andere Sortenvorschläge kamen und vehement verteidigt wurden, ja jede Gemeinde schien ihre bevorzugten Sorten zu haben.

● 1901 fand wieder eine Obstausstellung in der Potsdamer Orangerie statt. Jetzt lag der Schwerpunkt erstmals eindeutig nicht mehr auf der Sortimentsvielfalt, sondern auf dem praktischen Obstbau. Die optische Qualität des Obstes war bei der Preisverleihung entscheidend. Die Brandenburgische Landwirtschaftskammer empfahl nur zwölf Äpfel und acht Birnen als Normalsortiment. Der Potsdamer Gartenbau-Verein stellte eine Liste von zwölf Apfelsorten auf, die sich für Potsdam besonders eignen. Hiervon kamen nur 6 Sorten auch im Normalsortiment der Landwirtschaftskammer für die Provinz Brandenburg, das ebenfalls zwölf Sorten enthielt.[87] Das Normalsortient des Pomologenvereins umfaßte damals 53 Apfel- und 54 Birnensorten.[88] Man erkannte zunehmend, daß die Normalsortimente nicht auf Deutschland, sondern zumindest auf die einzelnen Länder bezogen sein müßten. 1908 wurden die Normalsortimente der Landwirtschaftskammern der Länder zum Vergleich zusammengestellt.[89] Eine erneute Sichtung 1931 ergab, daß der Anteil der empfohlenen Lokalsorten gewachsen war, sowie eine Tendenz, Lokalsortimente an die Stelle von Landessortimenten zu setzen.[90] Trotz dieser lokalen Differenzierung wurden wenige, sogenannte Marktobstsorten gefördert und verdrängten die Lokalsorten in zunehmend bedenklichem Umfang.

● Seit 1929 wurden im Institut für Züchtungsforschung in Müncheberg durch Carl Friedrich Rudloff, seit 1936 von Martin Schmidt und von Heinz Murawski systematische Kreuzungen durchgeführt. Es entstanden vor allem Apfelsorten, die erst in der DDR-Zeit verbreitet wurden. Am beliebtesten wurden hierunter Alkmene, Auralia und Carola (1961) sowie Helios (1969).

Sprichwort

Ein runzliger Apfel fault nicht.

● Unter der sowjetischen Besatzung und in der DDR wurde, zum Teil durch Zwangsmaßnahmen verstärkt, Wert auf ›Intensivobstbau‹ und Konzentration auf die wirtschaftlichsten Sorten gelegt. Als Vorbild wurde nun statt den USA der sowjetische Obstzüchter Iwan Wladimirowitsch Mitschurin (1855–1935) hingestellt. Mitschurins frostharte Apfelzüchtungen fanden aber in Brandenburg nicht die gewünschte Verbreitung. Die meisten alten und Lokalsorten waren seit 1949 unzulässig und galten als ›gefährlich‹, weil ihr Anbau durch unsicheren Ertrag die Wirtschaft hemmen würde. Initiativen von Hans-Joachim Koch aus Marquardt, in Werder alte Obstsorten zu sammeln, verliefen vor 1989 im Sande.

● Trotzdem wurden in Brandenburg heute noch 600 Apfelsorten festgestellt (in Deutschland: über 1000). In den Supermärkten findet man nur noch fünf bis zehn. Nach EU-Verordnung dürfen außerhalb von Haus und Hof nur Äpfel verkauft werden, die zwischen 55 und 65 mm Durchmesser haben. Die Befürworter alter Obstsorten halten solchen Selektierungen entgegen, daß die Produkte jahrhundertelanger Auslese neben der ästhetischen Vielfalt ein noch unerforschtes Genreservoir enthalten, das beispielsweise für die Resistenz genutzt werden kann. Die 1987 von Koch verschollen geglaubte Werdersche Wachsrenette wurde von dem Werderaner Obstbauer Fritz Brudel in einer Kleingartenkolonie in Mahlow wieder aufgefunden. Neue Obstanlagen mit großer Sortenvielfalt gibt es jetzt in Potsdam-Bornim (Neumanns Erntegarten sowie am ehemaligen Amtsgehöft) und in der Kolonie Alexandrowka in Potsdam. Ein besonders großes Sortiment findet man in Müncheberg, dem traditionellen Standort der brandenburgischen Obstforschung seit 1928.

Danziger Kantapfel, (aus: Knoop 1758, ein Buch, das auch Friedrich II. besaß.)

93

Name mit Erstnachweis in Europa	1755	1791	1828	1829	1842	1848	1851	1855	1861	1866	1871	1877	1891	1901	1908	heute
Edel- (Winter-)Borsdorfer 1175	●		●	●	●	●			●	●	●					●
Roter Stettiner (Rostocker) 1598	●	●	●	●	●	●	●			●	●					●
Königl. (Roter) Kurzstiel 1613	●	●	●		●				●		●					●
Graue Franz. Renette 1633	●	●	●	●	●	●			●	●			●			●
Franz. echte weiße Renette 1540?	●	●	●	●												
Weißer Winterkalvill 1598	●	●	●	●	●	●			●	●	●					●
Paradiesapfel 1540			●	●	●				●	●	●					
Wahre weiße Herbstrenette 1798			●	●	●	●	●									
Gestreifter böhm. Borsdorfer 1804			●	●						●						
Große Engl. Renette 1799			●	●	●											
Mennoniten-Renette 1799			●	●	●											
Haarlemer Renette 1800			●	●	●											
Goldgelbe Sommer-Renette 1768			●	●	●	●			●		●					
Herbst-Borsdorfer 1666			●	●	●	●	●		●	●						
Roter Winterkalvill 1628	●	●	●		●	●	●				●					●
Königs-Parmäne 1667	●	●	●		●	●	●	●	●							
Roter Wintertaubenapfel 1651	●	●	●		●	●	●	●	●	●	●	●				
(Wahrer) Goldzeugapfel 1628	●	●	●			●						●	●			
(Gestreifter) Sommerzimtapfel 1804			●	●									●			●
(Weißer) Astrachan 1561	●	●	●						●	●						●
Großer edler Prinzessinapfel 1708			●	●		●	●		●	●						
Edler Prinzessinapfel 1800			●	●		●	●									
Champagnerrenette (Loskrieger) 1799			●	●					●	●			●			
Orleansrenette 1766			●	●					●	●	●					●
Wahre New Yorker Renette 1802			●	●	●	●			●	●						
Königin Sophie 1800			●	●	●	●			●	●		●				
Langtons Sondergleichen 1802			●	●			●						●			●
Muskat-Renette 1608? 1758			●	●					●	●	●					●
Weißer Winter-Stettiner			●	●	●	●			●	●						
Ribston's Pepping 1687			●	●	●	●	●	●	●	●						●

94

	1755	1791	1828	1829	1842	1848	1851	1855	1861	1866	1871	1877	1891	1901	1908	heute
Parkers (Grauer) Pepping 1809			●	●		●	●			●	●	●	●			●
Walliser Limonen-Pepping 1799			●	●	●	●	●	●								
Damasonrenette 1628			●			●	●	●	●							●
(Großer Rhein.) Bohnapfel 1797	●	●	●			●	●	●	●	●						●
Wahrer birnförmiger Apfel 1540		●	●	●	●	●	●	●								●
Gravensteiner 1669			●	●	●	●	●	●	●	●	●	●	●	●	●	●
Kanadarenette 1771			●	●	●	●	●			●	●	●	●	●		●
Prinzenapfel (Hasenkopf) 1788			●	●		●	●	●		●	●	●	●	●		
(Engl. Winter-) Goldparmäne 1800	●	●	●	●		●	●	●		●	●	●				●
(Engl.) Spitalrenette 1809			●	●		●	●			●						●
Braunroter Himbeerapfel 1798			●	●	●	●	●	●								
(Große) Kasseler 1766				●	●	●	●	●	●	●	●	●				●
Roter Herbstkalvill (Edelkönig) 1670	●	●	●	●	●	●	●	●	●	●			●			●
Geflammter (Weißer) Kardinal 1766				●	●	●	●	●	●		●	●			●	●
Virgin. (Sommer-) Rosenapfel 1765				●	●	●	●	●	●							●
Danziger Kantapfel 1758				●	●	●	●	●		●	●					●
Gelber Winter-Stettiner					●	●	●	●	●							●
Borsdorfer (Glanz-) Renette 1801	●	●	●			●	●	●		●		●	●			
Grüner Fürstenapfel 1788						●	●	●	●	●		●				●
(Engl.) scharlachrote Parmäne 1809						●					●	●				
Charlamowski 1834								●	●	●		●	●	●	●	
Kaiser Alexander 1817								●	●	●	●	●				●
Karmeliterrenette 1667			●	●		●	●		●	●	●	●				●
Gelber Richard 1859										●			●			●
London Pepping 1819		●								●	●	●	●	●		●
Ananasrenette 1826										●	●	●				●
Cox' Orangenrenette 1830										●						●
Baumanns Renette 1811										●		●		●		●
Purpurroter (Winter-) Cousinot 1760											●	●		●		●
Werdersche Wachsrenette 1877											●	●	●			●

95

Quellenangaben

0 *Die Metamorphosen des Ovid*, XIV S. 622 ff, Übers. E. Rösch 1 Giersberg, H. J.: *Das Potsdamer Stadtschloß*, Potsdam 1998, Abb. S. 10. 2 Colerus: *Oeconomia oder Hausbuch* 2. Bd., 6. Teil: Gartenbau. Wittenberg o. J. (Vorrede 1598) 3 GStA, I. HA., Rep. 2, Nr. 123, Pak. 7997, p. 153. 4 Kopisch, A.: *Geschichte der kgl. Schlösser und Gärten zu Potsdam.* Berlin 1854, S. 42. 5 Kopisch, A.: S. 56. 6 BLHA, Rep. 2 D Nr. 15270, p. 48f. 7 Erwähnt GStA, II. HA. Kurm. Tit. 199, Nr. 1, Bd. 1, p. 19. 8 GStA, II. HA. Kurm. Tit. 199, Nr. 1, Bd. 1, p. 1–4; Mylius, C. O.: *Corpus Constitutionum Marchicarum*, Teil 1, 1736, 2. Abt., Sp. 95–97 mit falscher Jahreszahl 1685. 9 Mylius, 1. Theil. 2. Abt., Sp. 109–114; 5. Thei, 3. Abt., Sp. 367–372. 10 GStA, II. HA. Kurm. Tit. 199, Nr. 1, Bd. 1, p. 50. 11 GStA, II. HA. Kurm. Tit. 199, Nr. 1, Bd. 1, p. 78. 12 GStA, II. HA. Kurm. Tit. 199, Nr. 1, Bd. 1, p. 113–118 und Mylius, 1. Theil, 2. Abt., Sp. 235. 13 Erwähnt im Pflanzedikt vom 7. 6. 1765, selbst aber nicht bei Mylius. 14 GStA, II. HA. Kurm. Tit. 199, Nr. 1, Bd. 2, p. 19 und Mylius, 5. Teil, 3 Abt., Sp. 375–78. 15 Mylius, 4. Teil, 1. Abt., Sp. 763f. 16 GStA, II. HA. Kurm. Tit. 199, Nr. 1, Bd. 2, p. 196. 17 Mylius, *Continuation* 1. Abt., Sp. 399, vgl. Stadelmann, R.: *Preussens Könige in ihrer Thätigkeit für die Landeskultur* Bd. II. Leipzig 1882. 18 GStA, II. HA. Kurm. Tit. 199, Nr. 1, Bd. 2, p. 219–21, 235. 19 GStA, II. HA. Kurm. Tit. 199, Nr. 1, Bd. 2. 20 GStA, II. HA. Kurm. Tit. 199, Nr. 1, Bd. 2. 21 GStA, II. HA. Kurm. Tit. 199, Nr. 1, Bd. 2. 22 BLHA, Rep. 19 Potsdam 3183/1. 23 GStA, II. HA. Kurm. Tit. 199, Nr. 1, Bd. 2, p. 28. 24 Mylius: Novus Corpus, 3. Bd., Sp. 885–900. 25 Stadelmann 1882, S. 210–14; *Späth-Buch.* Berlin 1930, T. 1, S. 16. 26 BLHA, Pr. 2 A D 1924. 27 BLHA, Rep. 2 A Reg. Pdm. I LW 225. Sello 1. 1. 1811. 28 Germershausen Bd. 4, S. 247f. 29 GStA, I. HA., Rep. 36, Nr. 3439, p. 15. 30 Knoop: *Werkdadige Hovenier-Konst*, Leeuwarden 1753, S. 453. 31 Christ: *Handbuch über die Obstbaumzucht und Obstlehre.* Frankfurt a. M. 1794, S. 124. 32 Niedersächs. StA Oldenburg, Bestand 271–25 Nr. 52, Nachlaß K. Schulze, Nr. 47 (37ᴮ), 44 (40ᴄ). 33 Ebd. Nr. 51 (15). 34 *Annalen der märkischen ökonomischen Gesellschaft* Bd. 1, Teil 1 (1792). 35 Rochow: *Ueber die Obstbaumzucht im Großen* (1794). In: Ebd. Bd. 2, Nr. 1, S. 145–170. 36 Nachlaß K. Schulze, Nr. 87 (79). 37 BLHA, Rep. 2 A Reg. Pdm. I LW 225. Sello 1. 1. 1811. 38 F. W. A. Bratring: *Statist.-topograph. Beschreibung der gesammten Mark Brandenburg.* Bd. 1. Berlin 1804, S. 94. 39 BLHA, Rep. 2 Reg. Pdm. I LW 225, p. 17–35: Zieten 6.4. 1819. 40 Loudon, J. C.: *Wirthschafts-Einrichtungen nach den Grundsätzen des Schottischen Akkerbaues (…) mit Erläuterungen, Anmerkungen und einer Vorrede versehen von A. Thaer.* Berlin, 1819, S. 59. 41 Lauche, W. (Hrsg.): *Verhandlungen der VIII. Allgemeinen Versammlung Deutscher Pomologen und Obstzüchter.* Potsdam 1877, S. 131. 42 *Denkschrift über die Hebung des Obstbaues*

in der Prov. Brandenburg mit bes. Berücks. d. Pflanzungen an den öffentlichen Straßen. Prenzlau 1889. 43 *Annalen der Landwirtschaft in den kgl. Pr. Staaten 8* (1850), Bd. 15, S. 323–345, zit. S. 344. 44 Nachlaß K. Schulze, Nr. 20 (62). 45 BLHA, Rep. 2 A Reg. Pdm. I LW 225, p. 66: Lenné 11. 2. 1821. 46 Nachlaß K. Schulze, Nr. 27 (45). 47 BLHA, Rep. 2 A Reg. Pdm. I LW 241, p. 2–9. 48 Ebd. p. 19–44. 49 Nachlaß K. Schulze, Nr. 68 (3b). 50 Nachlaß K. Schulze, Ebd. Nr. 91/44 R), S. 49. 51 *Verhandlungen d. V. z. Bef. d. Gartenbaues 1830*, S. 118 ff. 52 Ebd. 1831, S. 266. 53 Ebd. 1832, S. 93 ff. 54 Ebd. 1833, S. 32 f. 55 Ebd. 1835, S. 233 ff. 56 Nietner, Th.: *Die Küchengärtnerei, ...* 1. Theil, Berlin 1837, S. 423 57 Fintelmann, C. J.: *Die Obstbaumzucht. Eine praktische Anleitung ...* Erster Theil. Berlin 1839. 58 C. J. Fintelmann: a. a. O., S. 287 f 59 Fintelmann, C. J.: a. a. O., S. 463. 60 Fintelmann, C. J.: a. a. O, S. 8–262 61 Bücherei des Deutschen Gartenbaues, Berlin, Archiv, Akte DDG 8. 62 [Jühlke, F.:] *Die Königliche Gärtner-Lehr-Anstalt.* In: *Die Königliche Landesbaumschule und Gärtnerlehranstalt zu Potsdam.* Berlin 1872, S. 41 f. 63 Lauche, W.: *Handbuch des Obstbaues.* Berlin 1882, S. 191. 64 *Vereinsblatt des Dt. Pomologen-Vereins* 1880, S. 83. 65 GStA, I. HA., Rep. 77, Tit. 1073, Nr. 67/1, 6. 10. 1891. 66 Lauche, 1882 S. 446 ff. 67 Lauche, W., 2 S. 447 ff. 68 Leppin, W.: *Der Obst- und Gemüsebau in der Mark Brandenburg.* Neudamm 1931, S. 204 f. 69 Ebd. S. 15 f. 70 Ebd. S. 15 f. 71 Colerus, 2. Teil. Ausg. Wittenberg 1604, S. 139. 72 BLHA, Pr. Br., Rep. 2 D 15304, p. 15 f. 73 Jeckel, J. C.: *Teltographie* (1730–36). Köln 1993, I: IX, § 3. 74 Dieser Ausdruck konnte außerdem ›Zwergbaum‹ bedeuten. 75 Bekmann, J. Chr.: *Historische Beschreibung der Chur-und Mark Brandenburg.* Berlin 1751–53. 76 Eine Zusammenstellung der Lokalsorten bei: Schuricht, W.: *Die historische Entwicklung des Obstbaues in der Mark Brandenburg.* Dipl. Arbeit. HU Berlin 1959. 77 Koopmann, K.: *Statistisches zu der Werderschen Ausstellung vom 17.–20. September 1891.* In: *Gartenflora* 41 (1892), S. 102–104. 78 Leroy, A.: *Dictionnaire de Pomologie, tome 3*, Paris 1873, S. 760. 79 Hesselmann, F.; Bannier, H.-J.: *Carl Hesselmann und der Obstbau im Bergischen Land.* In: *Pomologenverein Jahresheft 2001*, S. 26–29. 80 *Annalen der Landwirtschaft in den kgl. Pr. Staaten 8* (1850), Bd. 15, S. 323–345, zit. S. 344. 81 *Verhandlungen d. V. z. Bef. d. Gartenbaues* N. R. 1853, S. 477–483; 591. 82 *Allgemeine Berliner Gartenzeitung 1* (1857), S. 313–16. 83 Lauche 1877, S. 124 f. 84 Lauche 1877, S. 141, 158 f. 85 *Die Kernobstsorten des deutschen Obstbaues.* Berlin 1890 (*Jb. d. Dt. Landwirtschafts-Ges. 4*, Erg. H.). 86 Koopmann 1891. 87 *Bericht über die Provinzial-Obst-Ausstellung Potsdam 1901*, S. 26 f. 88 Ebd., S. 81–86. 89 *Berichte über Landwirtschaft 6* (1908), Tabellenanhang. 90 Kemmer, E.: *Die Sortenbewegung beim Kernobst.* In: *Landwirtschaftl. Jahrbücher 75* (1932), S. 569–603.

Wintergoldparmäne (aus Wimmers Garten)

Autoren

Marina Heilmeyer ● Freie Mitarbeiterin des Botanischen
Gartens und Botanischen Museums Berlin-Dahlem.

Dr. Birgid Mory ● Freie Mitarbeiterin des Botanischen
Gartens und Botanischen Museums Berlin-Dahlem.

Dipl. Biol. Katharina Rabe ● Freie Mitarbeiterin des
Botanischen Gartens und Botanischen Museums Berlin- Dahlem.

Dipl. Ing. Gerd Schurig ● Wissenschaftlicher Mitarbeiter
der Gartendirektion in Sanssouci.

Dr. habil. Clemens Alexander Wimmer ● Freier
Gartenschriftsteller in Potsdam.

Einzelne Beiträge entstanden im Rahmen der Ausstellung
Äpfel – Mythos, Eros, Wissenschaft
des Botanischen Museums, Berlin-Dahlem, 2002.

In der Reihe Potsdamer Pomologische Geschichten
sind bereits erschienen:

Kirschen für den König 978-3-930752-18-8

Die Melonen der Monarchen 978-3-930752-27-0

Beste Birnen bei Hofe 978-3-930752-29-4

Bittere und süße Orangen 978-3-930752-41-6

Maulbeeren – Zwischen Glaube und Hoffnung 978-3-930752-45-4

Impressum
Herausgeberin der Reihe: Marina Heilmeyer
Redaktion: Clemens Alexander Wimmer
Beratung: Heinz-Dieter Krausch, Werner Schuricht
Mit freundlicher Unterstützung
der Stiftung Preußische Schlösser und Gärten Berlin-Brandenburg

Bildnachweis
Botanischer Garten und Botanisches Museum, Berlin-Dahlem, FU Berlin (14)
Brandenburgisches Landeshauptarchiv, Potsdam (60)
Marianne Fintelmann (63)
Geheimes Staatsarchiv PK, Berlin (31, 34, 38)
Herzog August Bibliothek Wolfenbüttel (17)
Kunstbesitz des Bundes, Dauerleihgabe,
Fotoarchiv Mainfränkisches Museum Würzburg (9)
Museum der Natur, Gotha (51 Foto: Marina Heilmeyer)
Staatliche Museen zu Berlin, Gemäldegalerie (10)
Stiftung Preußische Schlösser und Gärten Berlin-Brandenburg:
(45, 49, 59, 64, 65, 76)
(6, 13 Foto: Hillert Ibbeken) und (52 Foto: Marina Heilmeyer)
Dr. C. A. Wimmer, Potsdam (4, 43, 57, 98)
Bücherei des Deutschen Gartenbaues, Berlin (übrige Abbildungen)
Einband: Katalog der Christ'schen Baumschulen Kronberg
Vorsatz: Lauches Pomologie 1882

Gestaltung
Tonja Heilmeyer und Betina Müller
gesetzt aus der Bodoni Old Face Regular, Italic, Caps und Expert
und der Gill Sans Regular und Italic.

Gesamtherstellung
Christian und Cornelius Rüss, Potsdam
auf Luxocream 115 g/qm von SchneiderSöhne,
Einband und Vorsatz Passat bläulichweiß von Geese.

vacat verlag
3. verbesserte Auflage, Potsdam, März 2007

ISBN 978-3-930752-21-8